Dr. Christina Georgiou

Formular- und Musterhandbuch

Leitfaden für die Schwerbehindertenvertretung

2. Auflage

Stand: 04.01.2024

rieder

Dieses Papier ist umweltschonend chlorfrei gebleicht hergestellt.

Geschäftsführerin:
Dipl. Psych. Heidrun Rieder

Erphostr. 40, 48145 Münster
Tel.: 0251/30133, Fax: 0251/30135
www.riederverlag.de

Umschlag Entwurf: Ina Bauckholt, Münster
Satz: Schreibbüro B. Föhl, 74080 Heilbronn
Druck: Books on Demand, 22848 Norderstedt

ISBN 978-3-949340-37-6

Vorwort

Die Schwerbehindertenvertretung stand lange Jahre in Unternehmen und Betrieben im Abseits. Weder der Arbeitgeber, noch der Betriebsrat sahen die Notwendigkeit, die Stimme der Vertrauensperson zu Gunsten der im Unternehmen beschäftigten schwerbehinderten und gleichgestellten Menschen angemessen zu berücksichtigen. Dies ist an sich verwunderlich, nachdem bereits im Jahr 1994 das Grundgesetz in Art. 3 Abs. 2 um einen Satz 2 erweitert wurde, wonach niemand wegen seiner Behinderung benachteiligt werden darf. Daraus entsteht ein besonderer Förderungs- und Inklusionsauftrag, der dann vor allem mit Inkrafttreten des SGB IX im Jahr 2001 erheblich stärker in den Blick rückte. Spätestens aber mit der weitreichenden Änderung des SGB IX durch das Bundesteilhabegesetz zum 23. Dezember 2016 ist die Präsenz der Schwerbehindertenvertretung in Betrieben und Unternehmen nicht mehr zu übersehen und kann vor allem jedenfalls ohne negative rechtliche Folgen auch nicht mehr übergangen werden. Die Vertrauensperson erhielt entscheidende zusätzliche Mitwirkungsrechte, beispielsweise bei Kündigungen von schwerbehinderten und gleichgestellten Menschen und bei der Verhandlung der immer bedeutender werdenden Inklusionsvereinbarung. Darüber hinaus werden – zu Recht und zum Glück – auch die Vertrauenspersonen selbst, ebenso wie die von ihnen vertretenen schwerbehinderten und gleichgestellten Beschäftigten immer selbstbewusster.

Gleichzeitig wird die Aufgabe der Vertrauensperson aber auch immer verantwortungsvoller und damit auch rechtlich anspruchsvoller. Das Amt verpflichtet dazu, Handlungspflichten, aber auch Handlungsmöglichkeiten wahrzunehmen und für die Rechte der schwerbehinderten und gleichgestellten Beschäftigten notfalls auch in die Auseinandersetzung mit dem Arbeitgeber zu treten. Hierzu muss die Vertrauensperson ihre Rechte und Pflichten nicht nur kennen, sondern auch wissen, wie sie die Möglichkeiten ihrer Beteiligung, die ihr das Gesetz einräumt, praktisch geltend machen kann.

Ziel des Musterhandbuches ist es, Ihnen als Vertrauensperson für Ihre wichtigen Aufgaben praktische Leitfäden und Hilfestellungen an die Hand zu geben.

Frankfurt am Main im Januar 2024

Christina Georgiou

Einführung zum Gebrauch dieses Musterhandbuchs

Das Musterhandbuch gliedert sich in zwei Teile, nämlich das Teilhaberecht aller behinderten und auch von Behinderung bedrohter Menschen sowie das Schwerbehindertenrecht, also die Teilhabe schwerbehinderter und gleichgestellter Menschen. Im SGB IX sind diese beiden Teile im 1. (§§ 1 - 89 SGB IX) und 3. Teil des SGB IX (§§ 151 – 241 SGB IX) geregelt. Wegen der geringen Bedeutung für die Vertrauensperson wird auf das Eingliederungsrecht, 2. Teil des SGB IX (§§ 90 – 150 SGB IX) nicht eingegangen.

Die Bedeutung des Teilhaberechts behinderter und von Behinderung bedrohter Menschen für die Arbeit der Vertrauensperson wurde letztendlich erst durch die Änderungen des BTHG deutlich. Eine neue Sichtweise, nämlich die Erkenntnis, dass behinderte Beschäftigte in jedem Betrieb die gleich wichtige Funktion haben wie nicht behinderte Beschäftigte, vorausgesetzt es werden die Barrieren beseitigt, die eine gleichberechtigte Teilhabe am Arbeitsprozess verhindern, also der Gedanke der Inklusion, macht eine Einbindung auch der Vertrauenspersonen und der weiteren Betriebspartner bereits in den Rehabilitationsprozess unverzichtbar. Gleichzeitig ist die gesetzliche Regelung des Rehabilitationsverfahrens vor allem deshalb so kompliziert, weil entsprechend unseres deutschen Sozialversicherungssystems die unterschiedlichsten Sozialversicherungsträger kraft weiterer eigener Spezialgesetze zuständig sind. Dies hat auch der Gesetzgeber erkannt und sich deshalb zumindest im Rehabilitationsrecht bemüht, dem Betroffenen selbst die erforderlichen Leistungen „wie aus einer Hand“ zu gewähren. Das Musterhandbuch bietet in seinem ersten Teil einen Leitfaden, der durch eine Darstellung der einzelnen Möglichkeiten und Verfahren einen Überblick über diesen neu gestalteten Rehabilitationsprozess vom Antragsverfahren bis zur Entscheidung gewährt. Mit diesem Überblick ist die Vertrauensperson wiederum in der Lage, bei Durchsetzung ihrer eigentlichen Beteiligungsrechte, insbesondere in den im dritten Teil geregelten Präventionsprozessen, bei der Vereinbarung einer Inklusionsvereinbarung und bei der Durchsetzung konkreter Hilfsangebote für betroffene schwerbehinderte oder gleichgestellte Menschen selbstbewusster aufzutreten.

Der zweite Teil des Musterhandbuchs stellt Ihnen konkrete Arbeitshilfen in der Form von Musteranträgen, Musterschreiben zur Ausübung Ihrer Beteiligungsrechte und Musterschreiben zur Durchsetzung Ihrer Beteiligungsrechte zur Verfügung. Kurze Erläuterungen sind jeweils vorangestellt. Erfahrungsgemäß fällt es gerade bei Beginn Ihrer Tätigkeit als Vertrauensperson schwer, die Ihnen zustehenden Rechte auch ausreichend klar zu formulieren und sowohl dem Betriebsrat, als auch dem Arbeitgeber gegenüber geltend zu machen. Wie bei jeder Anwendung eines Musters darf dabei allerdings der konkrete Einzelfall niemals aus den Augen gelassen werden.

Inhaltsverzeichnis

Abkürzungsverzeichnis

a.A.	=	anderer Ansicht
a.a.O.	=	am angegebenen Ort
ABlEG	=	Amtsblatt der Europäischen Gemeinschaft
ABR	=	Aktenzeichen für Beschlussverfahren beim Bundesarbeitsgericht
Abs.	=	Absatz
AiB	=	Arbeitsrecht im Betrieb (Bund Verlag)
AktG	=	Aktiengesetz
AP	=	Arbeitsrechtliche Praxis – Nachschlagewerk des BAG
ArbGG	=	Arbeitsgerichtsgesetz
ArbPlSchG	=	Arbeitsplatzschutzgesetz
AT-Angest.	=	Außertarifliche Angestellte
AuA	=	Zeitschrift Arbeit und Arbeitsrecht
Aufl.	=	Auflage
AÜG	=	Arbeitnehmerüberlassungsgesetz
AuR	=	Arbeit und Recht (Bund Verlag)
AVE	=	Erklärung der Allgemeinverbindlichkeit
AZO	=	Arbeitszeitordnung
AZR	=	Aktenzeichen Urteilsverfahren beim Bundesarbeitsgericht
BAG	=	Bundesarbeitsgericht
BAGE	=	Entscheidungen des Bundesarbeitsgerichts, Band u. Seite
BAV	=	Bundesanstalt für Versicherungswesen
BB	=	Betriebsberater (Verlag Recht und Wirtschaft)
BBiG	=	Bundesbildungsgesetz
BErzGG	=	Bundeserziehungsgeldgesetz
BetrAVG	=	Gesetz zur Verbesserung der betrieblichen Altersversorgung
BetrVG	=	Betriebsverfassungsgesetz
BGB	=	Bürgerliches Gesetzbuch
BGBl.	=	Bundesgesetzblatt
BGH	=	Bundesgerichtshof
BT	=	Bundestag
BT-Drucks.	=	Bundestags-Drucksache
BUrlG	=	Bundesurlaubsgesetz
BV	=	Aktenzeichen Beschlussverfahren beim Arbeitsgericht
BVerfG	=	Bundesverfassungsgericht
BVerfGE	=	Entscheidungen des Bundesverfassungsgerichts, Band u. Seite
bzw.	=	beziehungsweise
Ca	=	Aktenzeichen Urteilsverfahren beim Arbeitsgericht
DB	=	Der Betrieb (Verlag Handelsblatt)
DGB	=	Deutscher Gewerkschaftsbund
d. h.	=	das heißt
DKKS	=	Däubler / Kittner / Klebe / Schneider, Kommentar BetrVG
EBRG	=	Europäisches Betriebsrätegesetz
EuGH	=	Europäischer Gerichtshof
EV	=	Einigungsvertrag
EzA	=	Entscheidungssammlung zum Arbeitsrecht (Luchterhand Verlag)
FESTL	=	Fitting-Engels-Schmidt-Trebinger-Linsenmaier, Kommentar zum BetrVG
ff.	=	fortfolgende
Fn.	=	Fußnote
FS	=	Festschrift
gemäß	=	gemäß
GenG	=	Genossenschaftsgesetz
GewO	=	Gewerbeordnung
GG	=	Grundgesetz
ggf.	=	gegebenenfalls
GK BUrlG	=	Gemeinschaftskommentar zum Bundesurlaubsgesetz
GS	=	Großer Senat
GTV	=	Gehaltstarifvertrag
HGB	=	Handelsgesetzbuch
h.M.	=	herrschende Meinung
HS	=	Halbsatz
HzA	=	Handbuch zum Arbeitsrecht
i. d. R.	=	in der Regel
InsO	=	Insolvenzordnung
i. S. d.	=	im Sinne des/der
i. S. v.	=	im Sinne von
i. V. m.	=	in Verbindung mit
KfH	=	Kammer für Handelssachen
KO	=	Konkursordnung
KSchG	=	Kündigungsschutzgesetz
KuR	=	Schriftenreihe Kommunikation und Recht
LAA	=	Landesarbeitsamt
LAG	=	Landesarbeitsgericht
LAGE	=	Entscheidungen der Landesarbeitsgerichte (herausgegeben von Stahlhacke)
LG	=	Landgericht
LM	=	Lindenmeier/Möhring (Rechtsprechung des BGH)
LohnFG	=	Lohnfortzahlungsgesetz
LStR	=	Lohnsteuerrichtlinien
m. w. N.	=	mit weiteren Nachweisen
Mrd.	=	Milliarde
MuSchG	=	Mutterschutzgesetz
MTV	=	Manteltarifvertrag
n. F.	=	neue Fassung
Nr.	=	Nummer
n.rkr.	=	nicht rechtskräftig
n.v.	=	nicht veröffentlicht
NZA	=	Neue Zeitschrift für Arbeit und Sozialrecht (C.H. Beck Verlag)
OLG	=	Oberlandesgericht
RdA	=	Recht der Arbeit
Rdn./Rz.	=	Randnummer/Randzahl
rkr.	=	rechtskräftig
Sa	=	Aktenzeichen Urteilsverfahren beim Landesarbeitsgericht
SG	=	Sozialgericht
SGG	=	Sozialgerichtsgesetz
SozplKonkG	=	Gesetz über den Sozialplan im Konkurs- und Vergleichsverfahren
SprAuG	=	Sprecherausschussgesetz
SpTrUG	=	Gesetz über Spaltung der von der Treuhandanstalt verwalteten Unternehmen
str.	=	streitig
TaBV	=	Aktenzeichen Beschlussverfahren beim Landesarbeitsgericht
TV	=	Tarifvertrag
TzBfG	=	Teilzeitbeschäftigungsgesetz
u. U.	=	unter Umständen
ÜTV	=	übertarifliche Zulage
VerBAV	=	Veröffentlichung der Bundesanstalt für Versicherungswesen
vgl.	=	vergleiche
VerglO	=	Vergleichsordnung
WO	=	Wahlordnung
z. B.	=	zum Beispiel
ZIP	=	Zeitschrift für internationales Privatrecht
ZPO	=	Zivilprozessordnung
ZVerWiss	=	Zeitschrift der Versicherungswissenschaft

Muster-Verzeichnis

Teil 1 Das Teilhaberecht behinderter und von Behinderung bedrohter Menschen

Vorbemerkung:

Das SGB IX gliedert sich in seiner neuen Fassung in drei Teile. Teil 1, §§ 1 – 89 SGB IX regelt die Rehabilitation und Teilhabe von Menschen mit Behinderungen, Teil 2, §§ 90 – 150 SGB IX regelt das früher im SGB VII enthaltene Recht der Eingliederungshilfe. Teil 3, §§ 151 – 241 SGB IX, regelt das eigentliche Schwerbehindertenrecht mit seinen besonderen Regelungen zur Teilhabe schwerbehinderter Menschen im Betrieb und Unternehmen.

1 Antragsverfahren im Teilhaberecht

1.1 Der Ablauf eines Rehabilitationsprozesses

Die einzelnen Rehabilitationsträger

Die einzelnen Rehabilitationsträger, die für die im ersten Teil des SGB IX geregelten Leistungen und damit die Antragstellung zuständig sind, sind in § 6 SGB IX aufgeführt. § 6 SGB IX regelt, welche Träger für welche unterschiedlichen Leistungen (Leistungsgruppen) überhaupt zuständig sein können. Wichtig zu wissen ist, dass die Leistungen zur Teilhabe durch die Neugestaltung des ersten Teils des SGB IX nicht ausgeweitet wurden, sondern dass die nun erfolgte Regelung direkt im SGB IX dazu dient, diese Leistungen für den Betroffenen rechtssicherer durchsetzbar zu gestalten. Dadurch soll die selbstständige Teilhabe des einzelnen Betroffenen gestärkt werden. Problematisch und schwierig für die Rechtsanwendung ist, dass nach wie vor für jeden dieser Leistungsträger ein eigenes Leistungsgesetz (für die Schwerbehindertenvertretung vor allem von Bedeutung sind hier SGB III, V, VI, VII) besteht.

Einen Überblick über die unterschiedlichen Leistungen, im Gesetz Leistungsgruppen genannt, zur Teilhabe am Leben in der Gesellschaft gibt § 5 SGB IX.

Daraus ergibt sich folgende Übersicht an Zuständigkeiten und gesetzlichen Leistungsvoraussetzungen der für die Schwerbehindertenvertretung vor allem relevanten Rehabilitationsträger:

Muster 1: Rehabilitationsträger und deren Leistungsgesetze

Muster 1

Rehabilitationsträger	Leistungsgesetze
Gesetzliche Krankenkasse:	§§ 42 ff SGB IX, §§ 64 ff SGB IX SGB VI als Spezialgesetz
Bundesagentur für Arbeit	§§ 49 ff SGB IX, §§ 64 ff SGB IX SGB III als Spezialgesetz
Gesetzliche Unfallversicherung	§§ 42 ff SGB IX, §§ 49 ff SGB IX §§ 64 ff SGB IX, §§ 76 ff SGB IX SGB VII als Spezialgesetz
Gesetzliche Rentenversicherung	§§ 42 ff SGB IX, §§ 49 ff SGB IX §§ 64 ff SGB IX SGB VI als Spezialgesetz

Begleitende Hilfen erfolgen durch das Integrationsamt, das selbst kein Rehabilitationsträger ist.

Begleitende Hilfen	
Integrationsamt:	§ 185 SGB IX i.V.m SchwbAV

Muster 2: Ablauf eines Rehabilitationsverfahrens

Muster 2

1. Bedarfserkennung
2. Antragstellung und Klärung der Zuständigkeit
3. Bedarfsermittlung und Bedarfsfeststellung
4. Leistungsentscheidung
5. Durchführung der Leistungen
6. Abschluss des Prozesses

1.2 Rehabilitationsantrag

Die Einleitung eines Rehabilitationsverfahrens ist mit formfreiem Antrag möglich. Nach der besonderen Regelung des § 7 Abs. 2 SGB IX sind die das förmliche Rehabilitationsverfahren regelnden Vorschriften für jeden Rehabilitationsträger zwingend. Dadurch soll das Rehabilitationsverfahren vereinheitlicht werden und die Leistungen auch dann, wenn sie durch unterschiedliche Rehabilitationsträger zu bewilligen und zu erbringen sind, nach Möglichkeit „wie aus einer Hand“ erbracht werden.

Die meisten Rehabilitationsträger bieten bereits an, einen Rehabilitationsantrag online zu stellen. Darüber hinaus stehen nach neuem Recht die gemäß § 32 SGB IX neu einzurichtenden Beratungsstellen hilfreich zur Verfügung. Aufgabe dieser Beratungsstellen ist es, mit dafür kompetent ausgebildetem Personal schon im Vorfeld eines Rehabilitationsantrags über den Ablauf und die Möglichkeiten des Rehabilitationsverfahrens aufzuklären.

Die vorstehenden Ausführungen sind auch für die Schwerbehindertenvertretung von einiger Bedeutung. Denn die Vertrauensperson hat unter anderem gemäß § 178 Abs. 1 Satz 2 Nr. 2 SGB IX die wichtige Aufgabe, Maßnahmen, die den schwerbehinderten Menschen dienen, insbesondere auch präventive Maßnahmen, bei den zuständigen Stellen zu beantragen.

Muster 3: Formloser Rehabilitationsantrag

Muster 3

Max Mustermann Musterstraße 1a 11111 Musterdorf

Deutsche Rentenversicherung
Hauptverwaltung Frankfurt am Main
Städelstraße 28
60596 Frankfurt am Main

Musterdorf, den

Rehabilitationsantrag

Sehr geehrte Damen und Herren,

hiermit beantrage ich folgende Leistungen zur Teilhabe am Arbeitsleben:

Leistung eines Übergangsgeldes während meiner Umschulungsmaßnahmen. Ich bitte Sie, mir alle erforderlichen Unterlagen zur weiteren Durchführung des Antragsverfahrens zu übersenden.

Mit freundlichen Grüßen

Max Mustermann

Koordination von Rehabilitationsleistungen, Leistungen „aus einer Hand“

Grundsätzliche Anforderung an alle Leistungen zur Teilhabe ist die aktive Einbeziehung des jeweiligen betroffenen Menschen. Es soll nicht nur die jeweilige Behinderung, sondern die gesamte individuelle Lebenssituation berücksichtigt werden. Dies beschreibt § 8 Abs. 1 SGB IX, wonach bei der Entscheidung über die Leistungen und bei der Ausführung der Leistungen zur Teilhabe berechtigten Wünschen der Leistungsberechtigten entsprochen wird. Dabei wird auch auf die persönliche Lebenssituation, das Alter, das Geschlecht, die Familie sowie die religiösen und weltanschaulichen Bedürfnisse der Leistungsberechtigten Rücksicht genommen. Alle Leistungen, also auch die Leistungen unterschiedlicher Rehabilitationsträger, sollen **„wie aus einer Hand“** nahtlos erbracht werden.

Ziel der Leistungen zur Teilhabe ist es gemäß § 4 Abs. 1 SGB IX unabhängig von der Ursache der Behinderung

1. die Behinderung abzuwenden, zu beseitigen, zu mindern, ihre Verschlimmerung zu verhüten oder ihre Folgen zu mildern;
2. Einschränkungen der Erwerbsfähigkeit oder eine Pflegebedürftigkeit zu vermeiden, zu überwinden, zu mindern oder eine Verschlimmerung zu verhüten sowie den vorzeitigen Bezug anderer Sozialleistungen zu vermeiden oder laufende Sozialleistungen zu mindern;
3. die Teilhabe am Arbeitsleben entsprechend den Neigungen und Fähigkeiten dauerhaft zu sichern oder
4. die persönliche Entwicklung ganzheitlich zu fördern und die Teilhabe am Leben in der Gesellschaft sowie eine möglichst selbständige und selbstbestimmte Lebensführung zu ermöglichen oder zu erleichtern.

Die Leistungen sollen gemäß § 4 Abs. 2 Satz 2 SGB IX nach Möglichkeit so erbracht werden, dass Leistungen anderer Sozialleistungsträger nicht mehr erforderlich werden:

§ 14 SGB IX, Leistender Rehabilitationsträger

(1) [1]Werden Leistungen zur Teilhabe beantragt, stellt der Rehabilitationsträger innerhalb von zwei Wochen nach Eingang des Antrages bei ihm fest, ob er nach dem für ihn geltenden Leistungsgesetz für die Leistung zuständig ist; bei den Krankenkassen umfasst die Prüfung auch die Leistungspflicht nach § 40 Abs. 4 des Fünften Buches. [2]Stellt er bei der Prüfung fest, dass er für die Leistung insgesamt nicht zuständig ist, leitet er den Antrag unverzüglich dem nach seiner Auffassung zuständigen Rehabilitationsträger zu und unterrichtet hierüber den Antragsteller. [3]Muss für eine solche Feststellung die Ursache der Behinderung geklärt werden, und ist diese Klärung in der Frist nach Satz 1 nicht möglich, soll der Antrag unverzüglich dem Rehabilitationsträger zugeleitet werden, der die Leistung ohne Rücksicht auf die Ursache der Behinderung erbringt. [4]Wird der Antrag bei der Bundesagentur für Arbeit gestellt, werden bei der Prüfung nach den Sätzen 1 und 2 keine Feststellungen nach § 11 Abs. 2 a Nummer 1 des Sechsten Buches und § 22 Abs. 2 des Dritten Buches getroffen.

(2) [1]Wird der Antrag nicht weitergeleitet, stellt der Rehabilitationsträger den Rehabilitationsbedarf anhand der Instrumente zur Bedarfsermittlung nach § 13 unverzüglich und umfassend fest und erbringt die Leistungen (leistender Rehabilitationsträger). [2]Muss für diese Feststellung kein Gutachten eingeholt werden, entscheidet der leistende Rehabilitationsträger innerhalb von drei Wochen nach Antragseingang. [3]Ist für die Feststellung des Rehabilitationsbedarfs ein Gutachten erforderlich, wird die Entscheidung innerhalb von zwei Wochen nach Vorliegen des Gutachtens getroffen. [4]Wird der Antrag weitergeleitet, gelten die Sätze 1 bis 3 für den Rehabilitationsträger, an den der Antrag weitergeleitet worden ist, entsprechend; die Frist beginnt mit dem Antragseingang bei diesem Rehabilitationsträger.

[5]In den Fällen der Anforderung einer gutachterlichen Stellungnahme bei der Bundesagentur für Arbeit nach § 54 gilt Satz 3 entsprechend.

(3) Ist der Rehabilitationsträger, an den der Antrag nach Abs. 1 Satz 2 weitergeleitet worden ist, nach dem für ihn geltenden Leistungsgesetz für die Leistung insgesamt nicht zuständig, kann er den Antrag im Einvernehmen mit dem nach seiner Auffassung zuständigen Rehabilitationsträger an diesen weiterleiten, damit von diesem als leistendem Rehabilitationsträger über den Antrag innerhalb der bereits nach Absatz 2 Satz 4 laufenden Fristen entschieden wird, und unterrichtet hierüber den Antragsteller.

(4) [1]Die Absätze 1 bis 3 gelten sinngemäß, wenn der Rehabilitationsträger Leistungen von Amts wegen erbringt. [2]Dabei tritt an die Stelle des Tages der Antragstellung der Tag der Kenntnis des voraussichtlichen Rehabilitationsbedarfs.

(5) Für die Weiterleitung des Antrages ist § 16 Abs. 2 Satz 1 des Ersten Buches nicht anzuwenden, wenn und soweit Leistungen zur Teilhabe bei einem Rehabilitationsträger beantragt werden.

Hinweis für die Schwerbehindertenvertretung:

Die besondere Bedeutung des § 14 SGB IX liegt in einer für alle Rehabilitationsträger verbindlichen Straffung bei der Klärung der Zuständigkeiten und der bestehenden Fristen. Der Zeitverlust aufgrund einer oftmals komplizierten Klärung der Zuständigkeiten sollte nicht mehr auf Kosten des Betroffenen erfolgen. Denn es besteht Einigkeit, dass die Ziele der Rehabilitation regelmäßig nur durch schnelles Handeln auch zufriedenstellend erreicht werden können.

Muster 4: Fristenregelung § 14 SGB IX bei Eingang eines Rehabilitationsantrags

Muster 4

A Gutachten ist nicht erforderlich und Reha-Träger ist zuständig:

Prüfung der Zuständigkeit durch den Reha-Träger innerhalb von zwei Wochen

Feststellung des Rehabilitationsbedarfs bei Zuständigkeit innerhalb von drei Wochen nach Antragseingang.

Es kann von maximal dreiwöchigem Verfahren ausgegangen werden.

B Gutachten ist erforderlich und Reha-Träger ist zuständig:

Prüfung der Zuständigkeit durch den Reha-Träger innerhalb von zwei Wochen

Entscheidung, dass Gutachten erforderlich wird, innerhalb von drei Wochen nach Antragseingang

Gutachtenerstellung innerhalb von zwei Wochen gemäß § 17 Abs. 2 SGB IX

Entscheidung innerhalb von zwei Wochen nach Vorliegen des Gutachtens

Es kann von maximal siebenwöchigen Verfahren ausgegangen werden.

C Reha-Träger ist unzuständig und Gutachten ist nicht erforderlich

1. **Feststellung der Unzuständigkeit innerhalb von zwei Wochen und Weiterleitung an zuständigen Reha-Träger**
2. **Feststellung des Rehabilitationsbedarfs ab Antragseingang bei zuständigem Reha-Träger durch diesen innerhalb von drei Wochen**

Es kann von maximal fünfwöchigem Verfahren ausgegangen werden.

D Gutachten ist erforderlich und Reha-Träger ist unzuständig:

Feststellung der Unzuständigkeit innerhalb von zwei Wochen und Weiterleitung an zuständigen Reha-Träger

Entscheidung, dass Gutachten erforderlich wird, innerhalb von drei Wochen ab Antragseingang bei zuständigem Reha-Träger

Gutachtenerstellung innerhalb von zwei Wochen gemäß § 17 Abs. 2 SGB IX

Entscheidung innerhalb von zwei Wochen nach Vorliegen des Gutachtens

Es kann von maximal neunwöchigem Verfahren ausgegangen werden.

Zum besseren Verständnis nachfolgend ein beispielhaftes Muster eines Rehabilitationsträgers zur Weiterleitung eines Antrags an den nach entsprechender Prüfung zuständigen Rehabilitationsträger, das Ihnen einen Einblick in den Fortgang bei den Rehabilitationsträgern gewährt.

Muster 5: Weiterleitung eines Antrags auf Leistungen zur Teilhabe wegen insgesamter Unzuständigkeit

Muster 5

Sehr geehrte Damen und Herren,

beigefügten Antrag haben wir als erstangegangener Leistungsträger erhalten. Nach eingehender Prüfung aller vom Antrag umfassten Leistungen haben wir festgestellt, dass wir für die Leistungen insgesamt unzuständig sind. Deshalb leiten wir den Antrag auf Leistungen zur Teilhabe einschließlich aller uns vorliegenden Unterlagen an Sie weiter (vgl. § 14 Abs. 1 Satz 2 SGB IX). Durch unsere Weiterleitung sind Sie nun zweitangegangener und damit leistender Rehabilitationsträger. Nachfolgend erhalten Sie die Begründung für unsere Weiterleitung.

Vom Antrag umfasste Leistungen zur Teilhabe

Konkrete Benennung der Leistung/en					
Zuordnung der Leistung/en zu den Leistungs-gruppen nach § 5 SGB IX	Leistungen zur medizinischen Rehabilitation	Leistungen zur Teilhabe am Arbeitsleben	Leistungen zur sozialen Teilhabe	Unterhaltssichernde u.a. ergänzende Leistungen	Leistungen zur Teilhabe an Bildung
	☐	☐	☐	☐	☐

Begründung für die fehlende Zuständigkeit[1]

Wir sind insgesamt unzuständig, weil

☐	wir für die unter Punkt 1) genannte/n Leistungsgruppe/n nicht der nach § 6 SGB IX zuständige Rehabilitationsträger sind.
☐	die versicherungsrechtlichen Voraussetzungen für unsere Zuständigkeit nicht erfüllt sind. [Erläuterung eintragen] *(z.B. fehlende Vorversicherungszeiten; kein Arbeitsunfall; bei den Trägern nach § 6 Abs. 1 Nr. 3 und 5 SGB IX gilt diese Begründung auch, wenn die Ursache der Behinderung nicht innerhalb der Frist nach § 14 Abs. 1 Satz 1 SGB IX geklärt werden kann, vgl. § 14 Abs. 1 Satz 3 SGB IX)*
☐	nach unseren Informationen die Voraussetzungen für Ihre Zuständigkeit vorliegen und wir dadurch erst nachrangig zuständig sind. [Erläuterung eintragen] *(z.B. Vorversicherungszeiten sind erfüllt; es liegt ein Arbeitsunfall vor)*
☐	wir örtlich unzuständig sind.
☐	Sonstiges: [Erläuterung eintragen]

Ergänzende Anmerkungen

[Eintragen] *(z. B. Begründung der Zuordnung zu den Leistungsgruppen; weitere Anmerkungen der/des Versicherten zu dem Leistungsantrag)*

Wir haben Auswahl über die Weiterleitung an Sie informiert. Bei Rückfragen können Sie uns gerne telefonisch erreichen.

Freundliche Grüße

i.A.

Anlage

1 Die Ausführungen entsprechen der trägerübergreifenden Verständigung zur Zuständigkeitsklärung nach § 14 Abs. 1 Satz 1 und 2 SGB IX in der Gemeinsamen Empfehlung Reha-Prozess.

Erfahrungsgemäß ist es nicht einfach, bei Antragstellung den tatsächlich zuständigen Leistungsträger zu finden. Deshalb sind die vorstehend dargestellten Fristenregelungen des § 14 Abs. 1 und 2 SGB IX so hilfreich. Am schnellsten kann das Antragsverfahren abgewickelt werden, wenn der Antrag sogleich an den zuständigen Rehabilitationsträger übersandt wird. Nachfolgend einige grundsätzliche Maßgaben:

Grundsätzlich gilt regelmäßig als zuständig

1. in Fällen von Leistungen zur medizinischen Rehabilitation der Träger der gesetzlichen Rentenversicherung oder der Alterssicherung der Landwirte, wenn die versicherungsrechtlichen und persönlichen Voraussetzungen erfüllt sind, die gesetzliche Unfallversicherung oder ansonsten die gesetzliche Krankenkasse, sofern dort die versicherungsrechtlichen Voraussetzungen bestehen,
2. in Fällen von Leistungen zur Teilhabe am Arbeitsleben der Träger der gesetzlichen Rentenversicherung, wenn die versicherungsrechtlichen Voraussetzungen erfüllt sind, ansonsten die Bundesagentur für Arbeit,
3. in Fällen von Leistungen zur sozialen Teilhabe der Träger der Eingliederungshilfe, außer in Fällen seelischer Behinderung von Kindern, Jugendlichen und jungen Volljährigen, für die eine Leistungszuständigkeit des Trägers der Jugendhilfe nach dem SGB VIII besteht,
4. bei Unklarheit darüber, ob Leistungen zur medizinischen Rehabilitation oder zur Teilhabe am Arbeitsleben erforderlich sind, der Träger der gesetzlichen Rentenversicherung.

Erforderlichkeit eines Gutachtens gemäß § 17 SGB IX

Grundsätzlich ist der leistende Rehabilitationsträger gemäß § 17 SGB IX auch für die Einholung eines Gutachtens verantwortlich, wenn ein solches für die Feststellung des Rehabilitationsbedarfs erforderlich ist. Ziel ist es, ein Gutachten zu erhalten, das für alle leistenden Rehabilitationsträger ausreichend ist. Dies ist der Grund, weshalb sich die Rehabilitationsträger gemäß § 17 Abs. 2 Satz 2 SGB IX auf allgemeine Grundsätze zur Erstellung des Gutachtens einigen sollen, die dann auch von dem beauftragten Gutachter zu berücksichtigen sind. Nach Möglichkeit werden dem Leistungsberechtigten jeweils drei geeignete Gutachter zur Auswahl benannt. Sind allerdings weitere Leistungsträger gemäß § 15 SGB IX beteiligt, so setzt sich der leistende Rehabilitationsträger auch mit diesen gemäß § 17 Abs. 3 Satz 1 SGB IX bei seiner Entscheidung über die Beauftragung eines geeigneten Sachverständigen über Anlass, Ziel und Umfang der Begutachtung ins Benehmen. Darüber hinaus ist es der leistende Rehabilitationsträger, der im Rahmen der Beauftragung des Gutachters durch eine entsprechende Gestaltung des Auftragsverhältnisses darauf hinwirkt, dass die umfassende sozialmedizinische, bei Bedarf auch psychologische, Begutachtung und die Erstellung des Gutachtens gemäß § 17 Abs. 2 SGB IX unverzüglich – spätestens innerhalb von zwei Wochen nach der Beauftragung – erfolgt.

Zuständigkeit einer Mehrheit von Rehabilitationsträgern

§ 15 Leistungsverantwortung bei Mehrheit von Rehabilitationsträgern

(1) [1]Stellt der leistende Rehabilitationsträger fest, dass der Antrag neben den nach seinem Leistungsgesetz zu erbringenden Leistungen weitere Leistungen zur Teilhabe umfasst, für die er nicht Rehabilitationsträger nach § 6 Abs. 1 sein kann, leitet er den Antrag insoweit unverzüglich dem nach seiner Auffassung zuständigen Rehabilitationsträger zu. [2]Dieser entscheidet über die weiteren Leistungen nach den für ihn geltenden Leistungsgesetzen in eigener Zuständigkeit und unterrichtet hierüber den Antragsteller.

(2) [1]Hält der leistende Rehabilitationsträger für die umfassende Feststellung des Rehabilitationsbedarfs nach § 14 Abs. 2 die Feststellungen weiterer Rehabilitationsträger für erforderlich und liegt kein Fall nach Abs. 1 vor, fordert er von diesen Rehabilitationsträgern die für den Teilhabeplan nach § 19 erforderlichen Feststellungen unverzüglich an und berät diese nach § 19 trägerübergreifend. [2]Die Feststellungen binden den leistenden Rehabilitationsträger bei seiner Entscheidung über den Antrag, wenn sie innerhalb von zwei Wochen nach Anforderung oder im Fall der Begutachtung innerhalb von zwei Wochen nach Vorliegen des Gutachtens beim leistenden Rehabilitationsträger eingegangen sind. [3]Anderenfalls stellt der leistende Rehabilitationsträger den Rehabilitationsbedarf nach allen in Betracht kommenden Leistungsgesetzen umfassend fest.

(3) [1]Die Rehabilitationsträger bewilligen und erbringen die Leistungen nach den für sie jeweils geltenden Leistungsgesetzen im eigenen Namen, wenn im Teilhabeplan nach § 19 dokumentiert wurde, dass

1. *die erforderlichen Feststellungen nach allen in Betracht kommenden Leistungsgesetzen von den zuständigen Rehabilitationsträgern getroffen wurden,*
2. *auf Grundlage des Teilhabeplans eine Leistungserbringung durch die nach den jeweiligen Leistungsgesetzen zuständigen Rehabilitationsträger sichergestellt ist und*
3. *die Leistungsberechtigten einer nach Zuständigkeiten getrennten Leistungsbewilligung und Leistungserbringung nicht aus wichtigem Grund widersprechen.*

[2]Anderenfalls entscheidet der leistende Rehabilitationsträger über den Antrag in den Fällen nach Absatz 2 und erbringt die Leistungen im eigenen Namen.

*(4) [1]**In den Fällen der Beteiligung von Rehabilitationsträgern nach den Abs. 1 bis 3 ist abweichend von § 14 Abs. 2 innerhalb von sechs Wochen nach Antragseingang zu entscheiden. [2]Wird eine Teilhabeplankonferenz nach § 20 durchgeführt, ist innerhalb von zwei Monaten nach Antragseingang zu entscheiden.** [3]Die Antragsteller werden von dem leistenden Rehabilitationsträger über die Beteiligung von Rehabilitationsträgern sowie über die für die Entscheidung über den Antrag maßgeblichen Zuständigkeiten und Fristen unverzüglich unterrichtet.*

§ 15 Abs. 1 SGB IX regelt demnach die Möglichkeiten, einen Rehabilitationsantrag auch teilweise weiterzuleiten, entweder, weil der Antrag selbst bereits Leistungen umfasst, die weitere Leistungsträger betreffen oder weil der entscheidende Rehabilitationsträger feststellt, dass weitere Leistungen weiterer Leistungsträger in Betracht kommen. Es handelt sich hier um ein so genanntes **Antragssplitting**. Der Betroffene erhält eine entsprechende Information des zuständigen Leistungsträgers, regelmäßig wie folgt:

**„Information zu Ihrem Antrag auf Leistungen zur Teilhabe:
Beteiligung weiterer Rehabilitationsträger / Antragssplitting (§ 15 Abs. 1 SGB IX)
– Eingangsbestätigung**

Sehr geehrte Frau/ Herr ,

Sie haben einen Antrag auf Leistungen zur Teilhabe gestellt. Der Antrag umfasst auch folgende Leistungen, für die wir zuständig sind:

____

Dieser Teil des Antrags wurde uns von/vom ____________ zugeleitet, damit wir in eigener Zuständigkeit über die Leistungen entscheiden. Hierüber werden Sie von uns einen entsprechenden Bescheid erhalten.

Zuvor benötigen wir von Ihnen noch folgende Informationen bzw. Unterlagen:

____

Im Übrigen verbleibt es bei der Koordinierung der Leistungen durch den oben genannten Rehabilitationsträger (§§ 14 ff. SGB IX). Weitere Informationen hierzu haben Sie von diesem erhalten.

Bei Fragen zu den oben aufgeführten Leistungen können Sie sich auch gerne an uns wenden.

Freundliche Grüße

i.A.“

Leistungen gemäß „aufgedrängter Zuständigkeit" nach § 15 Abs. 2 SGB IX

Die Regelung des § 15 Abs. 2 SGB IX beschreibt ein durch die Rechtsprechung des BSG bereits entwickeltes Prinzip, nämlich das Prinzip der so genannten „aufgedrängten Zuständigkeit". Da alle Leistungen wie aus einer Hand zu erbringen sind, sind auch alle im Einzelfall in Betracht kommenden Leistungen zu prüfen und festzustellen. Alle Leistungen, für die der in der Koordinierungsverantwortung stehende, nach § 14 SGB IX leistende, Leistungsträger entweder nach seinem eigenen Leistungsgesetz der zur Leistung verpflichtete Leistungsträger ist oder aber zumindest nach § 6 Abs. 1 SGB IX Leistungsträger sein kann, werden von dem verantwortlichen Leistungsträger festgestellt und in eigenem Namen gewährt, mitunter unter Mithilfe der weiteren, von ihm gemäß § 15 Abs. 2 Satz 1 beteiligten, zuständigen Leistungsträger. Es erfolgt dann eine Kostenerstattung nach § 16 SGB IX. Möglich ist aber gemäß § 15 Abs. 3 SGB IX im Falle eines Einvernehmens beider Leistungsträger auch, dass gleich der jeweils erstzuständige Leistungsträger leistet, wenn dies im Teilhabeplan entsprechend dokumentiert wurde.

Die der umfassenden Bedarfsfeststellung vorausgehende Bedarfsermittlung soll entsprechend auf eine Leistungserbringung wie aus einer Hand ausgerichtet werden und wird demgemäß, soweit erforderlich, insbesondere trägerübergreifend und interdisziplinär gestaltet. Dabei bleibt aber der leistende Rehabilitationsträger grundsätzlich für die gesamte Bedarfsermittlung und Bedarfsfeststellung verantwortlich. Jedenfalls summarisch muss er deshalb auch immer einen eventuellen Rehabilitationsbedarf nach anderen Leistungsgesetzen prüfen.

1.3 Der Teilhabeplan

§ 19 SGB IX, Teilhabeplan

(1) Soweit Leistungen verschiedener Leistungsgruppen oder mehrerer Rehabilitationsträger erforderlich sind, ist der leistende Rehabilitationsträger dafür verantwortlich, dass er und die nach § 15 beteiligten Rehabilitationsträger im Benehmen miteinander und in Abstimmung mit den Leistungsberechtigten die nach dem individuellen Bedarf voraussichtlich erforderlichen Leistungen hinsichtlich Ziel, Art und Umfang funktionsbezogen feststellen und schriftlich oder elektronisch so zusammenstellen, dass sie nahtlos ineinandergreifen.

(2) [1]Der leistende Rehabilitationsträger erstellt in den Fällen nach Absatz 1 einen Teilhabeplan innerhalb der für die Entscheidung über den Antrag maßgeblichen Frist. [2]Der Teilhabeplan dokumentiert

1. *den Tag des Antragseingangs beim leistenden Rehabilitationsträger und das Ergebnis der Zuständigkeitsklärung und Beteiligung nach den §§ 14 und 15,*
2. *die Feststellungen über den individuellen Rehabilitationsbedarf auf Grundlage der Bedarfsermittlung nach § 13,*
3. *die zur individuellen Bedarfsermittlung nach § 13 eingesetzten Instrumente,*
4. *die gutachterliche Stellungnahme der Bundesagentur für Arbeit nach § 54,*
5. *die Einbeziehung von Diensten und Einrichtungen bei der Leistungserbringung,*
6. *erreichbare und überprüfbare Teilhabeziele und deren Fortschreibung,*
7. *die Berücksichtigung des Wunsch- und Wahlrechts nach § 8, insbesondere im Hinblick auf die Ausführung von Leistungen durch ein Persönliches Budget,*
8. *die Dokumentation der einvernehmlichen, umfassenden und trägerübergreifenden Feststellung des Rehabilitationsbedarfs in den Fällen nach § 15 Absatz 3 Satz 1,*

9. die Ergebnisse der Teilhabeplankonferenz nach § 20,

10. die Erkenntnisse aus den Mitteilungen der nach § 22 einbezogenen anderen öffentlichen Stellen und

11. die besonderen Belange pflegender Angehöriger bei der Erbringung von Leistungen der medizinischen Rehabilitation.

[3]Wenn Leistungsberechtigte die Erstellung eines Teilhabeplans wünschen und die Voraussetzungen nach Absatz 1 nicht vorliegen, ist Satz 2 entsprechend anzuwenden.

(3) [1]Der Teilhabeplan wird entsprechend dem Verlauf der Rehabilitation angepasst und darauf ausgerichtet, den Leistungsberechtigten unter Berücksichtigung der Besonderheiten des Einzelfalles eine umfassende Teilhabe am Leben in der Gesellschaft zügig, wirksam, wirtschaftlich und auf Dauer zu ermöglichen. [2]Dabei sichert der leistende Rehabilitationsträger durchgehend das Verfahren. [3]Die Leistungsberechtigten können von dem leistenden Rehabilitationsträger Einsicht in den Teilhabeplan oder die Erteilung von Ablichtungen nach § 25 des Zehnten Buches verlangen.

(4) [1]Die Rehabilitationsträger legen den Teilhabeplan bei der Entscheidung über den Antrag zugrunde. [2]Die Begründung der Entscheidung über die beantragten Leistungen nach § 35 des Zehnten Buches soll erkennen lassen, inwieweit die im Teilhabeplan enthaltenen Feststellungen bei der Entscheidung berücksichtigt wurden.

(5) [1]Ein nach § 15 beteiligter Rehabilitationsträger kann das Verfahren nach den Abs. 1 bis 3 anstelle des leistenden Rehabilitationsträgers durchführen, wenn die Rehabilitationsträger dies in Abstimmung mit den Leistungsberechtigten vereinbaren. [2]Die Vorschriften über die Leistungsverantwortung der Rehabilitationsträger nach den §§ 14 und 15 bleiben hiervon unberührt.

(6) Setzen unterhaltssichernde Leistungen den Erhalt von anderen Leistungen zur Teilhabe voraus, gelten die Leistungen im Verhältnis zueinander nicht als Leistungen verschiedener Leistungsgruppen im Sinne von Absatz 1.

Eine umfassende Bedarfsfeststellung i.S.d. § 14 Abs. 2 SGB IX bedeutet insbesondere, dass der individuelle Bedarf im Hinblick auf alle Leistungen und Rechtsgrundlagen des Rehabilitationsrechts festgestellt wird, die in der konkreten Bedarfssituation überhaupt in Betracht kommen. Dabei werden insbesondere auch solche Leistungen in den Blick genommen, für die der leistende Rehabilitationsträger nach seinem jeweiligen Leistungsgesetz nicht primär zuständig ist, einschließlich solcher Leistungen, für die er nach § 6 SGB IX nicht der Rehabilitationsträger sein kann. Um auch bezüglich solcher Bedarfe die Feststellung einheitlich zu ermöglichen, ist die Beteiligung anderer Rehabilitationsträger nach § 15 SGB IX vorgesehen.

Durch ein so genanntes „Antragssplitting", wie dies bereits in Ziffer 1.2 beschrieben wurde, leitet der leistende Rehabilitationsträger gemäß § 15 Abs. 1 SGB IX einen Antrag unverzüglich teilweise weiter, wenn und soweit er feststellt, dass der Antrag neben solchen Leistungen zur Teilhabe, für die er nach § 6 SGB IX Leistungsträger sein kann, auch weitere Leistungen zur Teilhabe umfasst, für die er nach § 6 SGB IX nicht Leistungsträger sein kann. Unverzüglich bedeutet, dass der leistende Rehabilitationsträger im Falle des § 15 Abs. 1 SGB IX den Antrag insoweit ohne schuldhaftes Verzögern, und dabei in der Regel innerhalb von zwei Wochen, an den anderen Leistungsträger (Splitting-Adressat) weiterleitet. Der Splitting-Adressat ist für den gesplitteten Antragsteil zuständig und der die entsprechende Leistung erbringende Leistungsträger. **Gleichwohl bleibt der gemäß § 14 Abs. 2 SGB IX verantwortliche Leistungsträger in der Koordinierungsverantwortung für den gesamten Antrag** und führt deshalb auch ein den gesplitteten Antragsteil umfassendes einheitliches **Teilhabeplanverfahren** gemäß § 19 SGB IX durch.

Der gemäß §§ 14, 15 SGB IX zuständige leistende Rehabilitationsträger erstellt einen Teilhabeplan.

Die Teilhabeplankonferenz gemäß § 20 SGB IX

Die Regelung einer Teilhabeplankonferenz ist neu und durch das BTHG eingeführt worden. Gedacht ist diese vor allem in Fällen, in welchen mehrere Rehabilitationsträger beteiligt sind. Die Teilhabeplankonferenz ist der Aufstellung des Teilhabeplans vorgelagert. Es ergeben sich also sehr grob gesehen die folgenden Verfahrensschritte:

1. Prüfung des Antrags durch den leistenden Rehabilitationsträger gemäß §§ 14, 15 SGB IX;
2. Einleitung einer gemeinsamen Teilhabeplankonferenz zur gemeinsamen Beratung und Feststellung des Rehabilitationsbedarfs durch den leistenden und damit verantwortlichen Rehabilitationsträger;
3. Durchführung einer Teilhabeplankonferenz;
4. Aufstellung eines Teilhabeplans gemäß § 19 SGB IX;
5. Entscheidungen der jeweils zuständigen Rehabilitationsträger über den Leistungsantrag durch jeweils begünstigende oder belastende Verwaltungsakte, gegen die der Betroffene Rechtsmittel einlegen kann.

Die Rolle und Aufgaben der Vertrauensperson bei Durchführung einer Teilhabeplankonferenz

Gerade für eine erfolgreiche betriebliche Eingliederung kann die Durchführung einer Teilhabeplankonferenz besondere Bedeutung haben. Erst die Teilhabekonferenz ermöglicht und bündelt regelmäßig die notwendigen Beratungen und Abstimmungen mit dem Leistungsberechtigten, den beteiligten Rehabilitationsträgern untereinander sowie mit weiteren beteiligten Stellen. Die Durchführung einer Teilhabeplankonferenz unterstützt damit die Zusammenarbeit der Rehabilitationsträger und stärkt vor allem auch die Möglichkeit der Partizipation der Leistungsberechtigten und der von diesen hinzugezogenen Stellen, unter Umständen also auch der Vertrauenspersonen mit Blick auf konkrete betriebliche Anforderungen.

Unter der Beteiligung der Vertrauensperson können die Rehabilitationsträger auf die erforderliche Sachkenntnis zum betrieblichen Umfeld und den Möglichkeiten einer Wiedereingliederung in den Betrieb direkt zurückgreifen. Dies erhöht die Chancen der Durchsetzbarkeit der Planung. Vor allem über eine Vermittlung der Vertrauensperson kann auch der Arbeitgeber bzw. der insoweit beauftragte Vertreter des Arbeitgebers, meist wird dies der Inklusionsbeauftragte gemäß 181 SGB IX sein, durch den jeweils zuständigen Rehabilitationsträger und die weiteren Beteiligten persönlich über die Möglichkeiten, vor allem auch über die Finanzierungsmöglichkeiten erforderlicher Maßnahmen aufgeklärt werden.

Die Vertrauensperson sollte deshalb einen Betroffenen frühzeitig darüber informieren, dass auf seinen Vorschlag hin eine Teilhabeplankonferenz durchgeführt werden kann, an welcher die Vertrauensperson bzw. auch weitere Personen des Vertrauens des Betroffenen teilnehmen könnten. Der Leistungsberechtigte kann eine Teilhabekonferenz ebenso vorschlagen wie beispielsweise auch das Integrationsamt. Auch bei der Frage, ob eine Teilhabeplankonferenz durchgeführt werden sollte, kann und sollte die Vertrauensperson den Betroffenen deshalb unterstützend beraten.

Schreiben des Betroffenen an den verantwortlichen Rehabilitationsträger:

Muster 6: Anregung der Durchführung einer Teilhabekonferenz

Muster 6

Maximiliane Musterfrau, Musterstraße 1a, 1111 Musterdorf

An
Deutsche Rentenversicherung Bund

Musterdorf, den ________________

Anregung der Durchführung einer Teilhabeplankonferenz gemäß § 20 SGB IX

Sehr geehrte Damen und Herren,

im Zusammenhang mit meinem Antrag auf Leistungen zur Teilhabe haben Sie bereits festgestellt, dass voraussichtlich die Leistungen mehrerer Rehabilitationsträger erforderlich sind, um meinem Rehabilitationsbedarf zu entsprechen. Mir liegt sehr daran, dass die erforderlichen Rehabilitationsleistungen möglichst optimal zwischen den verschiedenen Rehabilitationsträgern abgestimmt werden, damit ich auch zukünftig vor allem meine Erwerbsfähigkeit zur möglichst langen Teilhabe am Arbeitsleben erhalten kann.

Ich schlage Ihnen deshalb die Durchführung einer Teilhabeplankonferenz zusammen mit allen für mein Rehabilitationsverfahren verantwortlichen Rehabilitationsträgern vor.

Mir ist es ganz besonders wichtig, meine Beschäftigung bei der XYZ-GmbH entsprechend meines mit der XYZ-GmbH vereinbarten Arbeitsvertrages fortzusetzen. Als Beschäftigte der XYZ-GmbH werde ich durch die dortige Vertrauensperson vertreten. Diese ist über die von mir zu erfüllenden Anforderungen, insbesondere auch hinsichtlich einer unter Umständen erforderlichen behinderungsgerechten Ausstattung meines Arbeitsplatzes voll umfänglich informiert. Ich bitte Sie deshalb darum, dass neben meinem Bevollmächtigten, Herrn RA R, auch die Vertrauensperson der XYZ-GmbH, dies ist Frau V, zu der von mir beantragten Teilhabekonferenz eingeladen und hinzugezogen wird.

Ich bitte Sie um eine Mitteilung, wann ich mit der Einleitung und Durchführung einer Teilhabekonferenz rechnen darf.

Mit freundlichen Grüßen

Maximiliane Musterfrau

Die Durchführung einer Teilhabeplankonferenz kann von jedem der beteiligten Rehabilitationsträger oder auch anderen Beteiligten, wie auch den Jobcentern, vorgeschlagen werden. Regelmäßig soll im Falle eines entsprechenden Vorschlags eine Teilhabeplankonferenz durchgeführt werden. Nach § 20 Abs. 1 Satz 3 SGB IX kann allerdings von dem Vorschlag auf Durchführung einer Teilhabeplankonferenz abgewichen werden, wenn der zur Feststellung des Rehabilitationsbedarfs maßgebliche Sachverhalt schriftlich ermittelt werden kann, der Aufwand zur Durchführung nicht in einem angemessenen Verhältnis zum Umfang der beantragten Leistung steht oder wenn eine Einwilligung des Leistungsberechtigten zur Nutzung und Verarbeitung seiner Sozialdaten im Rahmen der Konferenz nicht erteilt wurde.

Der Leistungsberechtigte ist über die maßgeblichen Gründe der Ablehnung einer Teilhabeplankonferenz zu informieren und anzuhören. Jedenfalls dürfen die Leistungsberechtigten bei der Leistungserbringung keine Nachteile erleiden, wenn von der Durchführung einer Teilhabeplankonferenz abgesehen wird. Schließlich soll der Leistungsberechtigte vor der Durchführung der Teilhabeplankonferenz, soweit noch nicht geschehen, besonders auch auf Angebote der ergänzenden unabhängigen Teilhabeberatung nach § 32 SGB IX besonders hingewiesen werden.

Wird eine Teilhabeplankonferenz durchgeführt, so benötigen die Akteure einen längeren Zeitraum der Entscheidungsfindung. Aus diesem Grunde beträgt die Frist für die Entscheidung über die von einem Antrag umfassten Leistungen gemäß § 20 Abs. 4 i.V.m. § 15 Abs. 4 SGB IX zwei Monate anstelle sechs Wochen gemäß § 15 Abs. 4 SGB IX in den Fällen eines Antragssplittings, in welchen keine Teilhabeplankonferenz durchgeführt wird.

Beteiligte der Teilhabeplankonferenz

Selbstverständlich ist, dass der betroffene Antragsteller und die an dem Rehabilitationsverfahren beteiligten Rehabilitationsträger auch an der Teilhabeplankonferenz teilnehmen. Darüber hinaus ermöglicht aber gerade die Durchführung einer Teilhabeplankonferenz zur beruflichen Eingliederung die Beteiligung weiterer für das Gelingen der Planung wichtiger Akteure. Dies ist unter anderem das Integrationsamt gemäß § 22 Abs. 3 SGB IX, aber auch gemäß § 20 Abs. 3 SGB IX auf Wunsch der Leistungsberechtigten die Bevollmächtigten und Beistände nach § 13 SGB X oder sonstige Vertrauenspersonen. Eine solche Vertrauensperson kann auch die Vertrauensperson der Schwerbehinderten sein.

Durchführung der Teilhabeplankonferenz

Die Organisation der Teilhabeplankonferenz übernimmt der für die Teilhabeplanung verantwortliche Rehabilitationsträger. Sobald feststeht, dass eine Teilhabeplankonferenz durchgeführt werden soll, teilt er dies den nach § 15 SGB IX beteiligten Rehabilitationsträgern sowie den sonstigen zu beteiligenden Stellen und dem Leistungsberechtigten unverzüglich mit. Das gesamte Verfahren ist für den Leistungsberechtigten kostenfrei (vgl. §§ 65 a SGB I und § 64 SGB X). Notwendige Kosten des Leistungsberechtigten trägt der für die Teilhabeplanung verantwortliche Rehabilitationsträger.

Ist bereits zum Zeitpunkt der Beteiligung anderer Träger nach § 15 SGB IX absehbar, dass eine Teilhabeplankonferenz durchgeführt werden soll, muss der leistende Rehabilitationsträger die beteiligten Rehabilitationsträger darüber im Rahmen der Beteiligung informieren und eine angemessene Frist für eine Mitteilung der Bedarfsfeststellungen setzen.

Geeignete Kommunikationsmittel

Damit eine Teilhabeplankonferenz, die auch aus mehreren Komponenten bestehen kann, mit Blick auf die Fristen des § 15 Abs. 4 SGB IX schnell und zügig durchgeführt werden kann, sind dafür die jeweils geeigneten Kommunikationsmittel zu nutzen. Es ist nicht nötig, die Teilhabekonferenz immer unter persönlicher Teilnahme aller Beteiligter durchzuführen. Möglichkeiten, die Teilhabekonferenz durchzuführen sind beispielsweise:

- die persönliche Zusammenkunft aller beteiligten Personen,
- eine Telefonkonferenz, gegebenenfalls auch eine zum Teil persönliche Zusammenkunft, im Rahmen derer mittels Telefonkonferenz weitere für den Ablauf wichtige Beteiligte zugeschaltet werden,
- denkbar ist aber auch eine Web- oder Video-Konferenz.

1.4 Der Erstattungsantrag nach § 18 SGB IX

§ 18 SGB IX gewährt dem Leistungsberechtigten das Recht, sich die von ihm beantragte Leistung selbst zu beschaffen, wenn über seinen Antrag nicht innerhalb von zwei Monaten ab Antragseingang entschieden wurde und dem Berechtigten darüber hinaus die Gründe der Verzögerung und/ oder das endgültige Leistungsdatum nicht mitgeteilt wurden. Dann gilt nämlich nach Ablauf der Zweimonatsfrist die beantragte Leistung als genehmigt. Dies gilt auch für den Fall, dass das mitgeteilte endgültige Leistungsdatum nach einer Verzögerung fruchtlos abgelaufen ist. In diesem Falle nun kann sich der Leistungsberechtigte die beantragte Leistung selbst beschaffen und hat einen Erstattungsanspruch seiner Aufwendungen gegen den leistenden Rehabilitationsträger. Der Erstattungsanspruch kann sich auch auf jeweils fällige Abschlagszahlungen beziehen. Dieser Anspruch besteht nur in engen, vor allem in § 18 Abs. 5 SGB IX formulierten Grenzen nicht, wenn der Leistungsberechtigte nämlich rechtsmissbräuchlich bzw. wissentlich ihm nicht zustehende Leistungen in Anspruch genommen hat.

Der Erstattungsanspruch besteht nach § 18 Abs. 6 SGB IX auch bei rechtswidriger Ablehnung einer Leistung, wenn diese unaufschiebbar und notwendig geworden ist. Unaufschiebbar ist eine Leistung, wenn ihre Verzögerung den Rehabilitationserfolg gefährdet oder dem Leistungsberechtigten eine Verschlechterung seines Gesundheitszustands droht. Beides dürfte nur schwer nachgewiesen werden können. Besteht die Erstattungspflicht sind diejenigen Leistungen zu erstatten, die der Rehabilitationsträger an sich bei korrekter Bearbeitung hätte erbringen müssen.

Muster 7: Erstattungsantrag

Muster 7

Max Mustermann Musterstraße 1a, 11111 Musterdorf

An
Deutsche Rentenversicherung

Musterdorf, den __________

Mein Antrag auf Bewilligung von Krankengymnastik

Sehr geehrte Damen und Herren,

am Dienstag, dem 5. Mai 2020 habe ich einen Antrag auf Bewilligung einer krankengymnastischen Maßnahme von zunächst 10 Einheiten gestellt. Die mir vorliegenden Arztberichte und Empfehlungen habe ich meinem Antrag beigefügt. Bis einschließlich zum Montag, dem 6. Juli 2020 habe ich keinerlei Mitteilung von Ihnen erhalten. Demnach durfte ich davon ausgehen, dass die von mir beantragte krankengymnastische Maßnahme von zunächst 10 Einheiten als genehmigt gilt. Zwischenzeitlich habe ich mit der Maßnahme begonnen. In der Anlage übersende ich Ihnen die bisher von mir verauslagten Originalrechnungen mit der Bitte um Erstattung auf mein nachstehendes Konto:

Kontoinhaber: Max Mustermann
IBAN:

Für Ihre Bemühungen bedanke ich mich bereits jetzt.

Mit freundlichen Grüßen

Max Mustermann

Verweigert der Rehabilitationsträger eine Erstattung ist diese im Klageweg und zwar mit einer so genannten kombinierten Anfechtungsklage (gegen den verweigernden Verwaltungsakt) und einer Leistungsklage auf die Kostenerstattung geltend VA vor dem Sozialgericht geltend zu machen.

Praxistipp

Beschafft sich der Leistungsberechtigte die beantragten Leistungen selbst, sollte er sich von Beginn an genaue Notizen über den verauslagten Geldbetrag nebst Nachweisen machen. Denn im Falle einer Klage hat er die übernommenen Zahlungen konkret zu beziffern. Darüber hinaus sollte er darüber Buch führen, worauf sich die jeweils aufgewandten Kosten beziehen, aber auch, ob und welche Zahlungen gegebenenfalls von Dritten bereits geleistet wurden.[2]

2 Siehe hierzu BSG Urteil vom 10.8.2021 – B 2 U 2/20 R,

1.5 Die stufenweise Wiedereingliederung gemäß § 44 SGB IX

Die stufenweise Wiedereingliederung ist bekannt aus dem Recht der Krankenversicherung, dort geregelt in § 74 SGB V. Wichtig ist zu wissen, dass § 44 SGB IX einen eigenen medizinischen Rehabilitationsanspruch gewährt, der unabhängig und vor allem auch nicht nachrangig von/ zu § 74 SGB V ist. Für den Anspruch als medizinische Rehabilitationsleistung können während des laufenden Arbeitsverhältnisses gemäß § 6 SGB IX je nach Sachverhalt vor allem die Krankenkasse, die Rentenversicherung oder die gesetzliche Unfallversicherung zuständig sein. Wichtig zu wissen ist, dass § 44 SGB IX unter der Zielsetzung der vorrangigen Teilhabe am Arbeitsleben steht. Zwar ist das Verfahren der stufenweisen Wiedereingliederung gemäß § 44 SGB IX an die Anforderungen des § 74 SGB V angelehnt. Dies bedeutet, dass auch im Rahmen der Wiedereingliederung nach § 44 SGB IX durch den Arzt auf der Bescheinigung über die Arbeitsunfähigkeit Art und Umfang der möglichen Tätigkeiten angegeben werden müssen und eine Stellungnahme des Betriebsarztes eingeholt werden sollte. Anerkannt ist aber durch die Rechtsprechung, dass aufgrund des Beschäftigungsanspruchs des schwerbehinderten Arbeitnehmers gemäß § 164 Abs. 4 Nr. 1 SGB IX der Arbeitgeber den Antrag eines Arbeitnehmers auf eine stufenweise Wiedereingliederung, unter Umständen unterstützt durch die Expertise eines Rehabilitationsträgers im Rahmen eines Teilhabeplanverfahrens, im Regelfall nicht ablehnen darf.

Aus der Richtlinie des Gemeinsamen Bundesausschusses über die Beurteilung der Arbeitsunfähigkeit und die Maßnahmen der stufenweisen Wiedereingliederung gemäß § 92 Abs. 1 Satz 2 Nr. 7 SGB V, zuletzt geändert am 17. September 2020:

§ 7 Stufenweise Wiedereingliederung

(1) [1] Bei der Feststellung, ob eine stufenweise Wiedereingliederung gemäß § 74 SGB V und § 44 SGB IX empfohlen werden kann, sind körperlicher, geistiger und seelischer Gesundheitszustand der oder des Versicherten gleichermaßen zu berücksichtigen. [2] Deshalb darf diese Feststellung nur aufgrund ärztlicher Untersuchung erfolgen. [3] Die Empfehlungen zur Umsetzung der stufenweisen Wiedereingliederung in der Anlage dieser Richtlinie sind zu beachten.

(2) Die Feststellung nach Absatz 1 hat spätestens ab einer Dauer der Arbeitsunfähigkeit von sechs Wochen im Zusammenhang mit jeder Bescheinigung der Arbeitsunfähigkeit gemäß § 5 zu erfolgen.

(3) [1] Von einer Feststellung nach Absatz 1 ist abzusehen, sofern durch die Teilnahme an einer Maßnahme der stufenweisen Wiedereingliederung für den Genesungsprozess der oder des Versicherten nachteilige gesundheitliche Folgen erwachsen können. [2] Gleiches gilt, sofern Versicherte eine stufenweise Wiederaufnahme ihrer Tätigkeit ablehnen.

(4) Eine Feststellung nach Absatz 1 erfolgt nicht im Rahmen des Entlassungsmanagements nach § 4a.

Muster 8: Empfehlungen zur Umsetzung der stufenweisen Wiedereingliederung

Muster 8

1. Bei Arbeitsunfähigkeit kann eine Rückkehr an den Arbeitsplatz auch bei weiterhin notwendiger Behandlung sowohl betrieblich möglich als auch aus therapeutischen Gründen angezeigt sein. Über den Weg der stufenweisen Wiedereingliederung werden Arbeitnehmerinnen und Arbeitnehmer individuell, d.h. je nach Krankheit und bisheriger Arbeitsunfähigkeitsdauer schonend, aber kontinuierlich bei fortbestehender Arbeitsunfähigkeit an die Belastungen ihres Arbeitsplatzes herangeführt. Die Arbeitnehmerinnen und Arbeitnehmer erhalten damit die Möglichkeit, ihre Belastbarkeit entsprechend dem Stand der wiedererreichten körperlichen, geistigen und seelischen Leistungsfähigkeit zu steigern. Dabei sollte die Wiedereingliederungsphase in der Regel einen Zeitraum von sechs Monaten nicht überschreiten.
2. Die stufenweise Wiedereingliederung erfordert eine vertrauensvolle Zusammenarbeit zwischen der oder dem Versicherten, der behandelnden Vertragsärztin oder dem behandelnden Vertragsarzt, der Arbeitgeberin oder dem Arbeitgeber, der Arbeitnehmervertretung, der Betriebsärztin oder dem Betriebsarzt, der Krankenkasse sowie ggf. dem Medizinischen Dienst und dem Rehabilitationsträger auf der Basis der von der behandelnden Vertragsärztin oder vom behandelnden Vertragsarzt unter Beachtung der Schweigepflicht gegebenen Empfehlungen zur vorübergehenden Einschränkung der quantitativen oder qualitativen Belastung der oder des Versicherten durch die in der Wiedereingliederungsphase ausgeübte berufliche Tätigkeit. Eine standardisierte Betrachtungsweise ist nicht möglich, so dass der zwischen allen Beteiligten einvernehmlich zu findenden Lösung unter angemessener Berücksichtigung der Umstände im Einzelfall maßgebliche Bedeutung zukommt. Die Vertragsärztin oder der Vertragsarzt kann – mit Zustimmung der oder des Versicherten – von der Betriebsärztin oder vom Betriebsarzt, vom Betrieb oder über die Krankenkasse eine Beschreibung über die Anforderungen der Tätigkeit der oder des Versicherten anfordern.
3. Die infolge der krankheitsbedingten Einschränkung der Leistungsfähigkeit zu vermeidenden arbeitsbedingten Belastungen sind von der behandelnden Vertragsärztin oder vom behandelnden Vertragsarzt zu definieren. Die Vertragsärztin oder der Vertragsarzt kann der Krankenkasse einen Vorschlag unterbreiten, der die quantitativen und qualitativen Anforderungen einer Tätigkeit beschreibt, die aufgrund der krankheitsbedingten Leistungseinschränkung noch möglich sind. Ist die Begrenzung der Belastung der oder des Versicherten durch vorübergehende Verkürzung der täglichen Arbeitszeit medizinisch angezeigt, kann auch dies eine geeignete Maßnahme zur stufenweisen Wiedereingliederung sein.
4. Eine stufenweise Wiedereingliederung an Arbeitsplätzen, für welche die Verordnung zur arbeitsmedizinischen Vorsorge (ArbMedVV) in der Fassung vom 23. Oktober 2013 Anwendung findet, kann grundsätzlich nur mit Zustimmung der Betriebsärztin oder des Betriebsarztes erfolgen. Ausgenommen davon bleiben die Fälle, bei denen feststeht, dass die am Arbeitsplatz vorliegende spezifische Belastung keine nachteiligen Auswirkungen auf den Gesundungsprozess der Betroffenen selbst oder Unfall- oder Gesundheitsgefahren für sie selbst oder Dritte mit sich bringen kann.

5. Während der Phase der stufenweisen Wiedereingliederung sind Versicherte in regelmäßigen Abständen von der behandelnden Vertragsärztin oder vom behandelnden Vertragsarzt auf die gesundheitlichen Auswirkungen zu untersuchen. Ergeben die regelmäßigen Untersuchungen eine Steigerung der Belastbarkeit, ist eine Anpassung der stufenweisen Wiedereingliederung vorzunehmen. Stellt sich während der Phase der Wiedereingliederung heraus, dass für die Versicherten nachteilige gesundheitliche Folgen erwachsen können, ist eine Anpassung an die Belastungseinschränkungen vorzunehmen oder die Wiedereingliederung abzubrechen. Ergibt sich während der stufenweisen Wiedereingliederung, dass die bisherige Tätigkeit auf Dauer krankheitsbedingt nicht mehr in dem Umfang wie vor der Arbeitsunfähigkeit aufgenommen werden kann, so ist hierüber die Krankenkasse unverzüglich schriftlich zu informieren.

6. Erklärt die Arbeitgeberin oder der Arbeitgeber, dass es nicht möglich ist, die Versicherte oder den Versicherten zu beschäftigen, ist die stufenweise Wiedereingliederung nicht durchführbar.

7. Alle Änderungen des vereinbarten Ablaufs der Wiedereingliederung sind den Beteiligten unverzüglich mitzuteilen.

8. Voraussetzung für die stufenweise Wiedereingliederung ist die Einverständniserklärung der oder des Versicherten auf dem vereinbarten Vordruck. Auf diesem hat die Vertragsärztin oder der Vertragsarzt die tägliche Arbeitszeit und diejenigen Tätigkeiten anzugeben, die die oder der Versicherte während der Phase der Wiedereingliederung ausüben kann bzw. denen sie oder er nicht ausgesetzt werden darf. Die Arbeitgeberin oder der Arbeitgeber soll eine ablehnende Stellungnahme nach Nr. 6 der Anlage dieser Richtlinie ebenfalls auf dem Vordruck bescheinigen.

2 Anträge auf Feststellung eines Grades der Behinderung, Gleichstellung oder Schwerbehinderung

Zunächst ist noch einmal darauf hinzuweisen, dass sowohl ein Grad der Behinderung, als auch die Eigenschaft der Schwerbehinderung grundsätzlich bestehen, soweit ihre gesetzlichen Voraussetzungen vorliegen. Ist also eine Schwerbehinderung offensichtlich, so ist diese zu beachten, unabhängig davon, ob sie im förmlichen Verfahren festgestellt wurde oder nicht. Regelmäßig sollte aber die Feststellung bereits betrieben werden, damit ein entsprechender Ausweis ausgestellt wird und unter Umständen auch entsprechende Merkzeichen vergeben werden können und sowohl der Grad der Behinderung, als auch die Schwerbehinderung jederzeit nachgewiesen werden können.

Die förmliche Feststellung einer Gleichstellung bei einem Grad der Behinderung von mindestens 30 ist dagegen zwingend erforderlich, damit der Betroffene den dadurch gesetzlich geregelten Schutz in Anspruch nehmen kann. Diese Feststellung begründet erst von dem Datum ihrer Wirksamkeit an diesen Schutz, sie wirkt, juristisch ausgedrückt, konstitutiv, also gestaltend auf die Rechtsposition des Betroffenen ein. Im Verhältnis zu dem Betroffenen tritt diese konstitutive Wirkung der Gleichstellung zum Zeitpunkt des Antragseingangs auf Gleichstellung bei der Agentur für Arbeit ein.[3] **Im kollektiven Bereich, also im Rahmen der Beteiligungsrechte der Vertrauensperson, ist allerdings von einer solchen rückwirkenden Geltung regelmäßig nicht auszugehen.** Dies wiederum bedeutet, dass die Beteiligungsrechte der Vertrauensperson nicht rückwirkend entstehen können.

Beispiel Wahl der Vertrauensperson

Bei den Wahlen ist ein gleichgestellter Beschäftigter nur zu berücksichtigen, wenn zum Zeitpunkt der Wahl der feststellende Gleichstellungsbescheid der Agentur für Arbeit bereits vorliegt.

Beispiel Beteiligungsrechte der Vertrauensperson

Die Beteiligungsrechte der Vertrauensperson hinsichtlich eines Betroffenen sind von dem Arbeitgeber erst zu beachten, wenn der Gleichstellungsbescheid tatsächlich erteilt wurde.[4]

2.1 Antrag auf Feststellung eines Grades der Behinderung gemäß § 152 Abs. 1 SGB IX

Wichtig ist zunächst für den Betroffenen zu wissen, dass der Antrag auf Feststellung eines Grades der Behinderung seit dem 5. April 2017 formlos entsprechend der Grundsätze des § 9 SGB X gestellt werden kann. Formlos bedeutet mündlich, telefonisch oder auch per E-Mail. Besser ist es aber, den Antrag zumindest als Telefaxschreiben zu stellen, damit der Betroffene einen Nachweis der rechtzeitigen Antragstellung gemäß § 173 Abs. 3 SGB IX in den Händen hält.

Zuständig für den Antrag auf Feststellung eines Grades der Behinderung ist regelmäßig das Versorgungsamt, § 152 Abs. 1 Satz 1 SGB IX. Gemäß § 152 Abs. 1 Satz 7 SGB IX können davon abweichend andere Behörden für zuständig erklärt werden. Dies ist von Bundesland zu Bundesland unterschiedlich und muss entsprechend zunächst in Erfahrung gebracht werden. Auch dabei sollte die Vertrauensperson unterstützen.

---

3 **BAG** 31.07.2014 – 2 AZR 434/13
4 Siehe hierzu zuletzt **BAG** 22.01.2020 – 7 ABR 18/18

Unter Umständen kann es sinnvoll sein, nur einen einfachen Antrag entsprechend des nachstehenden Musters zu stellen, wenn eine Kündigung befürchtet wird. In jedem Falle wird die Behörde dann aber entsprechend von ihr geführte Musterformulare zum weiteren Ausfüllen durch den Antragsteller und Beifügung der erforderlichen Angaben, dies sind vor allem medizinische Gutachten neueren Datums, an den Antragsteller übersenden, bevor eine Entscheidung erfolgen kann.

Regelmäßig kann im Rahmen der Musterformulare bereits die Ausstellung eines Schwerbehindertenausweises beantragt werden. Dies bietet sich an, wenn von der Feststellung eines GdB von 50 oder höher ausgegangen werden kann. Im anderen Falle kann dieser Ausweis auch separat, also nach Feststellung des GdB von 50 oder höher beantragt werden.

Muster 9: Formloser Antrag auf Feststellung GdB und Schwerbehinderteneigenschaft sowie Ausstellung eines Schwerbehindertenausweises

Muster 9

Maximiliane Musterfrau Musterstraße 1a 11111 Musterdorf

An
das Versorgungsamt

Musterdorf, den __________

Antrag auf Feststellung meines Grads der Behinderung und meiner Schwerbehinderteneigenschaft

Sehr geehrte Damen und Herren,

hiermit beantrage ich die Feststellung meines Grads der Behinderung und meiner Schwerbehinderteneigenschaft.

Darüber hinaus beantrage ich die Ausstellung eines Schwerbehindertenausweises.

Mit freundlichen Grüßen

Maximiliane Musterfrau

2.2 Antrag auf Ausstellung eines Ausweises mit besonderen Merkzeichen

Nach der Feststellung eines Grads der Behinderung und der Feststellung der Schwerbehinderteneigenschaft reicht ein formloses Schreiben mit einem farbigen Passbild in der Anlage an das jeweils zuständige Versorgungsamt gemäß nachfolgendem Muster:

Muster 10: Formloser Antrag auf Ausstellung eines Schwerbehindertenausweises nebst der Eintragung von Merkzeichen

Muster 10

Maximiliane Musterfrau Musterstraße 1a 11111 Musterdorf

An
das Versorgungsamt

Musterdorf, den __________

Antrag auf Neuausstellung eines Schwerbehindertenausweises unter Eintragung des Merkzeichens „G“

Sehr geehrte Damen und Herren,

mit Feststellungsbescheid vom ______ haben Sie meinen Grad der Schwerbehinderung von 80 festgestellt. Diesen Feststellungsbescheid füge ich in der Anlage 1 bei. Hiermit beantrage ich die Ausstellung eines Schwerbehindertenausweises.

Des Weiteren beantrage ich, in dem auszustellenden Ausweis das Merkzeichen „G“ einzutragen, weil ich infolge meiner Behinderung in meiner Bewegungsfähigkeit im Straßenverkehr erheblich beeinträchtigt bin. Zum Nachweis füge ich das Gutachten des Herrn Dr. _______ in der Anlage 2 bei. Für weitere Rückfragen stehe ich Ihnen gerne jederzeit mit meinen nachfolgenden Kontakten zur Verfügung:

Maximiliane Musterfrau
Telefon:
E-Mailanschrift:

Mit freundlichen Grüßen

Maximiliane Musterfrau

2.3 Antrag auf Gleichstellung

Die Rechtsgrundlage für die Möglichkeit der Gleichstellung ist in § 2 Abs. 3 SGB IX niedergelegt. Danach sollen Menschen mit Behinderungen mit einem Grad der Behinderung von weniger als 50, aber wenigstens 30, die ihren Wohnsitz, gewöhnlichen Aufenthalt oder ihre Beschäftigung im Geltungsbereich des SGB IX haben, schwerbehinderten Menschen gleichgestellt werden, wenn sie infolge ihrer Behinderung ohne eine solche Gleichstellung einen geeigneten Arbeitsplatz im Sinne des § 156 SGB IX nicht erlangen oder nicht behalten können. Eine Gleichstellung muss immer beantragt werden. Sie besteht also niemals bereits deshalb, weil bestimmte gesetzliche Voraussetzungen erfüllt sind, wie dies bei der Schwerbehinderung der Fall ist. Man sagt dazu, dass die Entscheidung der Gleichstellung durch die Behörde „konstitutiv" wirkt, also die Rechte erst begründend, die aus dieser Gleichstellung entstehen. Dagegen wirkt die Feststellung des GdB von mindestens 50 deklaratorisch, also die aus einer Schwerbehinderung folgenden Rechte feststellend.

Der Antrag auf Gleichstellung ist gemäß § 151 Abs. 2 SGB IX bei der jeweils für den betroffenen behinderten Menschen zuständigen Agentur für Arbeit zu stellen. Der Antrag ist begründet, wenn der behinderte Mensch ohne die Gleichstellung jedenfalls der Gefahr unterliegt, einen innegehaltenen geeigneten Arbeitsplatz nicht behalten zu können oder aber erst gar nicht erlangen zu können.

Der Antrag auf Gleichstellung selbst kann formfrei gestellt werden. Gemäß § 151 Abs. 2 Satz 2 SGB IX wird die Gleichstellung mit dem Tag des Eingangs des Antrags auf Gleichstellung wirksam. Deshalb kann es mitunter von Vorteil sein, zunächst so schnell wie möglich den nachstehenden Antrag, unter Umständen auch in Textform durch eine einfache E-Mail zu stellen, um im Anschluss die weiteren von der jeweils zuständigen Agentur für Arbeit regelmäßig durch ein bestimmtes Antragsformular erhobenen Angaben zu erteilen:

Muster 11: Formloser Antrag auf Gleichstellung

Muster 11

Max Mustermann Musterstraße1a 11111 Musterdorf

An
Die Bundesagentur für Arbeit
Agentur für Arbeit Musterstadt

Per E-Mail

Musterdorf, den ______________

Antrag auf Gleichstellung mit einem schwerbehinderten Menschen

Sehr geehrte Damen und Herren,

hiermit beantrage ich die Gleichstellung mit einem schwerbehinderten Menschen.

Ich bitte Sie um eine kurze Bestätigung meines Antragseingangs. Bitte übersenden Sie mir Ihre weiteren für Ihre Entscheidung erforderlichen Antragsvordrucke.

Mit freundlichen Grüßen

Max Mustermann

Die Problematik des Antrags auf Gleichstellung liegt in seiner Begründung. Die Agentur für Arbeit muss davon überzeugt werden, dass entweder der innegehaltene Arbeitsplatz in Gefahr ist oder aber ein angestrebter Arbeitsplatz nur bei Gleichstellung erreicht werden kann. Der angestrebte neue Arbeitsplatz kann auch aus einem bestehenden Beschäftigungsverhältnis heraus angestrebt werden. Regelfall für einen Antrag auf Gleichstellung ist, dass der behinderte Arbeitnehmer die Befürchtung hat, sein Arbeitsplatz sei in Gefahr. Dies gilt es, der Agentur für Arbeit gegenüber nachvollziehbar zu begründen.

Beteiligte des Gleichstellungsverfahrens:

Arbeitgeber

Der Arbeitgeber wird im Falle einer Gleichstellung gleichzeitig begünstigt und belastet und ist deshalb auch an dem Verfahren zu beteiligen. Er wird begünstigt, indem er die Möglichkeit hat, einen gleichgestellten Beschäftigten auf die Pflichtquote gemäß § 154 Abs. 1 SGB IX anzurechnen. Bei aktueller Nichterfüllung der Pflichtquote reduziert sich die zu zahlende Ausgleichsabgabe.

Er wird belastet durch die besonderen Rechte, die das SGB IX, dritter Teil, für schwerbehinderte und gleichgestellte Arbeitnehmer bereithält.

Vertrauensperson

Die Agentur für Arbeit fordert die Vertrauensperson häufig auf, zu dem Gleichstellungsantrag des Arbeitnehmers eine Stellungnahme abzugeben, insbesondere also, ob das Arbeitsverhältnis tatsächlich gefährdet ist. Dies gilt, obwohl die Vertrauensperson an sich erst für den Arbeitnehmer als Interessenvertretung zuständig wird, wenn eine Gleichstellung tatsächlich festgestellt wird. Allerdings liegt die Berechtigung für eine entsprechende Mithilfe bereits in § 178 Abs. 1 Satz 3 SGB IX. Demnach unterstützt die Schwerbehindertenvertretung Beschäftigte auch bei Anträgen an die nach § 152 Absatz 1 zuständigen Behörden auf Feststellung der Behinderung, ihres Grades und einer Schwerbehinderung sowie bei Anträgen auf Gleichstellung an die Agentur für Arbeit.

Betriebsrat

Der Betriebsrat wird ebenfalls regelmäßig von der Agentur für Arbeit um eine Stellungnahme gebeten, ob aus Sicht des Betriebsrats das Arbeitsverhältnis tatsächlich gefährdet ist. Im optimalen Fall arbeiten bei ihrer Stellungnahme Betriebsrat und Vertrauensperson zusammen.

Sonderproblem

Der betroffene Antragsteller möchte nicht, dass der Arbeitgeber von dem Gleichstellungsverfahren informiert wird. Der Antragsteller ist „Herr des Verfahrens". Er kann deshalb im Rahmen seines Antrags bereits mitteilen, dass er einer Beteiligung des Arbeitgebers nicht zustimmt. Allerdings trägt er dann die Gefahr, dass die Agentur für Arbeit seinen Antrag auf Gleichstellung ablehnt.

Nach h.M, der auch die Rechtsprechung in neuerer Zeit regelmäßig folgt, besteht für den Antragsteller trotz seiner Mitwirkungspflicht im Verwaltungsverfahren die Möglichkeit, eine Beteiligung des Arbeitgebers und damit Offenbarung seiner Sozialdaten an den Arbeitgeber ohne Rechtsnachteile zu verweigern. Grundsätzlich besteht zwar für den betroffenen Arbeitnehmer die Gefahr, dass die Erteilung der Gleichstellung wegen mangelnder Mitwirkung des Antragstellers abgelehnt werden kann, §§ 60 ff SGBI. Da es sich dabei um eine Ermessensentscheidung der Agentur für Arbeit handelt, muss die Agentur vor der Versagung der

Gleichstellung im Sinne des § 66 SGBI aber prüfen, ob nicht eine Befragung des Betriebsrats und/ oder eine Befragung der Schwerbehindertenvertretung ausreichend sein könnte, um die Voraussetzungen der Gleichstellung feststellen zu können. Oft ist vor allem die Schwerbehindertenvertretung in der Lage, der Agentur für Arbeit die betrieblichen Besonderheiten ausreichend darzustellen, so dass eine Beteiligung des Arbeitgebers nicht mehr erforderlich ist. Dann bleibt die Verweigerung der Anhörung des Arbeitgebers ohne negative Konsequenzen für den Betroffenen. Es ist also im Rahmen des Gleichstellungsverfahrens von ganz besonderer Bedeutung, dass die Vertrauensperson der Agentur für Arbeit eine fundierte Stellungnahme zu dem Gleichstellungsantrag des betroffenen behinderten Menschen zur Verfügung stellt. Diese Stellungnahme muss die betriebliche Situation und die besondere Gefährdung des Arbeitsplatzes des antragstellenden behinderten Arbeitnehmers derart ausführlich darstellen, dass die Agentur für Arbeit eine ausreichende Entscheidungsbasis hat und weitere Rückfragen bei dem Arbeitgeber nicht mehr erforderlich werden.

Es ist hier besonders wichtig, dass es der Vertrauensperson und dem Betriebsrat im Rahmen ihrer Stellungnahme gelingt, die betrieblichen Gegebenheiten so überzeugend darzustellen, dass die Agentur für Arbeit bereits durch die Darstellung beider Interessenvertreter von der Notwendigkeit der Gleichstellung überzeugt werden kann. Dabei sollten die Vertrauensperson und der Betriebsrat gut zusammenarbeiten.

Der Gleichstellungsantrag des Arbeitnehmers selbst ist zwar formfrei. Sinnvoll ist es aber, den Antragsvordruck der zuständigen Agentur für Arbeit, der im Internet abrufbar ist, zu nutzen.

Sachlich zuständig ist die Bundesagentur für Arbeit, vertreten durch die örtlich zuständige Agentur für Arbeit. Dies ist die Agentur für Arbeit, in deren Bezirk der Antragsteller wohnt oder aber seinen gewöhnlichen Aufenthalt hat.

Muster 12: Formloser Antrag auf Gleichstellung ohne Beteiligung des Arbeitgebers

Muster 12

Max Mustermann Musterstraße 1a 11111 Musterdorf

An
Die Bundesagentur für Arbeit
Agentur für Arbeit Musterstadt

Per E-Mail

Musterdorf, den ____________________

Antrag auf Gleichstellung mit einem schwerbehinderten Menschen

Sehr geehrte Damen und Herren,

hiermit beantrage ich die Gleichstellung mit einem schwerbehinderten Menschen.

Ich bitte Sie um eine kurze Bestätigung meines Antragseingangs. Bitte übersenden Sie mir Ihre weiteren für Ihre Entscheidung erforderlichen Antragsvordrucke.

Einer Beteiligung meines Arbeitgebers an dem Gleichstellungsverfahren widerspreche ich bereits jetzt. In dem Betrieb, in dem ich tätig bin, existieren ein Betriebsrat und auch eine Schwerbehindertenvertretung. Diese sind bereit und in der Lage, die Beschäftigungssituation und die Gefährdung meines Arbeitsplatzes ausführlich darzustellen. Sollten nach der Stellungnahme des Betriebsrats sowie der Schwerbehindertenvertretung noch weitere Fragen offen sein, bitte ich Sie um einen entsprechenden Hinweis.

Mit freundlichen Grüßen

Max Mustermann

Ausführungen zur Gefährdung des Arbeitsplatzes aufgrund der Behinderung

Der immer auszufüllende von der Bundesagentur für Arbeit zur Verfügung gestellte Antrag auf Gleichstellung mit einem schwerbehinderten Menschen nach § 2 Abs. 3 SGB IX sieht neben den Angaben zur Person, zur Behinderung und zum Arbeitsverhältnis des Antragstellers bzw. zu möglichen Tätigkeiten im Falle der Arbeitslosigkeit vor allem auch von dem Antragsteller selbst zu haltende erste Ausführungen zur Begründung des Antrags vor.

Mit diesen Ausführungen soll der Antragsteller, der in einem Beschäftigungsverhältnis steht, die Gefährdung seines Arbeitsverhältnisses darstellen. Die Kunst besteht oftmals in nachvollziehbaren Ausführungen zur Gefährdung des Arbeitsverhältnisses in Verbindung mit weiteren Ausführungen, wie eine Gleichstellung diese Gefährdung verringert unter gleichzeitiger Darstellung, warum der gefährdete Arbeitsplatz für den Antragsteller unter Berücksichtigung seiner Behinderung ganz besonders geeignet ist.

Muster 13: Darstellung der Gefährdung des Arbeitsplatzes

Muster 13

Darstellung der Gefährdung des Arbeitsplatzes durch den Antragsteller (Anlage XY zu Punkt Y des Antrags)

„Die Gefährdung meines Arbeitsplatzes darf ich ausführlich wie folgt begründen:

a) Gefahr des Verlusts eines geeigneten Arbeitsplatzes wegen behinderungsbedingter Beeinträchtigung bei der Durchführung der Tätigkeit

Meine bereits ausgeführten Behinderungen wirken sich auf mein Arbeitsverhältnis aus, weil ich das Tempo, das der Arbeitgeber bei der Auftragsausführung erwartet, nicht einhalten kann. Grundsätzlich ist der von mir derzeit innegehaltene Arbeitsplatz für mich sehr geeignet. Ich kann hier ohne eine überobligatorische Beanspruchung meine beruflichen Fähigkeiten einsetzen. Aufgrund meiner

mangelnden Sehschärfe/ motorischer Schwierigkeiten / Gehbehinderung etc.

ist es mir aber nicht möglich, die einzelnen Arbeitsaufträge in dem erwarteten Tempo auszuführen. Darüber hinaus deutet der Arbeitgeber immer wieder an, durch weitere Rationalisierungsmaßnahmen Arbeitsplätze einsparen zu wollen. Allen Kollegen und Kolleginnen ist bewusst, dass der Arbeitgeber großen Wert auf eine schnelle Ausführung der erteilten Arbeitsaufträge legt. Ich habe deshalb begründete Zweifel, meinen Arbeitsplatz auf Dauer behalten zu können. Hinzu kommt, dass die mit mir vergleichbaren Kollegen in der Lage sind, wegen ihrer guten körperlichen Konstitution, die Arbeitsaufträge sehr schnell durchzuführen. Ich sehe aus vorstehenden Gründen gerade wegen meiner Behinderung ein im Vergleich zu meinen Kollegen erhöhtes Risiko, meinen Arbeitsplatz zu verlieren."

b) Wiederholte behinderungsbedingte Fehlzeiten

„Der von mir innegehaltene Arbeitsplatz ist für mich sehr geeignet. Ich kann hier ohne eine überobligatorische Beanspruchung meine beruflichen Fähigkeiten einsetzen. Aufgrund meiner

Diabetes / Herzschwäche etc.

lassen sich jedoch häufigere Fehlzeiten, die unabhängig von der mir übertragenen Arbeitstätigkeit sind, nicht vermeiden. Immer wieder erfolgen Hinweise der unmittelbaren Vorgesetzten, dass häufige Fehlzeiten nach Möglichkeit zu verhindern seien. Ich sehe insbesondere wegen dieser deutlichen Haltung der Führungskräfte meinen Arbeitsplatz wegen meiner Behinderung als gefährdet."

c) Hinweise auf ein Bestreben des Arbeitgebers, das Arbeitsverhältnis zu beenden

„Der von mir innegehaltene Arbeitsplatz ist für mich sehr geeignet. Ich kann hier ohne eine überobligatorische Beanspruchung meine beruflichen Fähigkeiten einsetzen. Gleichwohl sind sowohl mein unmittelbarer Vorgesetzter, als auch eine Führungskraft des Unternehmens bereits an mich herangetreten, um mit mir die Beendigung meines Arbeitsverhältnisses gegen Zahlung einer Abfindung zu besprechen. Meinen vergleichbaren nicht behinderten Kollegen wurden solche Angebote bisher nicht unterbreitet. Ich sehe deshalb gerade wegen meiner Behinderung ein im Vergleich zu meinen Kollegen erhöhtes Risiko, meinen Arbeitsplatz zu verlieren, insbesondere weil ich freiwillig nicht zu einer Arbeitsaufgabe bereit bin."

Stellungnahmen der betrieblichen Interessenvertretungen

Es kommt auf die konkrete betriebliche Situation an, wie die Stellungnahmen der Interessenvertretungen im Betrieb gefertigt werden sollten, um einen Gleichstellungsantrag optimal zu unterstützen.

Besteht jeweils nur eine Interessenvertretung, also nur ein Betriebsrat oder nur eine Schwerbehindertenvertretung, so ist selbstverständlich, dass auch nur von dieser Vertretung alleinverantwortlich eine Stellungnahme gefertigt werden kann. Die alleine verantwortliche Interessenvertretung sollte dann alle Aspekte darstellen, die für eine Gleichstellung sprechen und sich zu diesem Zwecke ausreichend Zeit nehmen, mit dem Betroffenen zu besprechen, wie die Stellungnahme verfasst werden sollte, um nach Möglichkeit zum Erfolg zu führen. Bestehen dagegen beide Interessenvertretungen, so sollten sich diese vorab absprechen. Mitunter reicht es aus, wenn nur die Vertrauensperson das persönliche Gespräch mit dem Betroffenen führt. Im weiteren Verlauf ist es dann durchaus sinnvoll, dass beide Interessenvertretungen alle Aspekte im Rahmen ihrer Stellungnahme anbringen, die für die Gleichstellung sprechen. Solcherart jedenfalls sachliche Wiederholungen sind durchaus geeignet, die Agentur für Arbeit von dem Gehalt der Argumentation zu überzeugen.

Muster 14: Stellungnahme des Betriebsrats / der Schwerbehindertenvertretung zur Gefährdung des Arbeitsplatzes unter Mitwirkung des betroffenen Arbeitnehmers

Muster 14

Briefbogen des Betriebsrats[5]

Bundesagentur für Arbeit
Agentur für Arbeit Musterstadt
Musterstraße
Musterstadt

Musterstadt, den ______________

Stellungnahme zum Gleichstellungsantrag des Herrn

Sehr geehrte Damen und Herren,

mit Schreiben vom _______ baten Sie um Stellungnahme zu dem Gleichstellungsantrag unseres Kollegen Herrn _______ .

Dieser Bitte kommt der Betriebsrat wie folgt nach:

In unserem Betrieb sind insgesamt ____ Arbeitnehmer beschäftigt. ___ Arbeitnehmer sind schwerbehindert bzw. gleichgestellt. Das Unternehmen erfüllt die Quote gemäß § 154 SGB IX (bzw. erfüllt diese Quote nicht). Es handelt sich um einen Produktionsbetrieb, der (Beschreibung des Betriebszwecks) mit angegliedertem Verwaltungsbereich.

Herr _______ ist in der Produktion als gelernter Facharbeiter tätig. Das Fachwissen des Herrn _______ wird von allen Kollegen sehr geschätzt. Regelmäßig ist er mit (Beschreibung der Tätigkeit) befasst. Die Tätigkeit ist für Herrn _____ sehr geeignet. Er kann dabei seine Fähigkeiten als ____gut einsetzen und vor allem unseren ungelernten Produktionshelfern immer wieder beratend zur Seite stehen.

In Hinblick auf wirtschaftliche Schwierigkeiten und zum Teil leider erheblichen Umsatzrückgang denkt die Geschäftsführung über Umstrukturierungen in der Produktion nach. Insbesondere sollen die Arbeitsplätze in der Produktion zwischen den Mitarbeitern austauschbar werden und keine Hierarchieebenen zwischen ungelernten Mitarbeitern und den meist älteren gelernten Facharbeitern mehr bestehen. Dies hätte wiederum zur Folge, dass alle Mitarbeiter, so auch Herr ________ zum Teil auch Hilfsarbeiten auszuführen hätten, die körperlich sehr anstrengend sind, insbesondere mit dem Heben schwerer Lasten verbunden sind. Dies könnte Herr _______ mit seinen Behinderungen nicht leisten. Die Geschäftsführung hat sowohl den Betriebsrat als auch die Vertrauensperson bereits zu Gesprächen über die vorstehend ausgeführten Änderungen in der Produktion eingeladen. Das erste Gespräch soll bereits am _________ durchgeführt werden.

5 Entsprechend abgeändert, kommt eine solche Stellungnahme auch für die Vertrauensperson, insbesondere wenn gar kein Betriebsrat besteht, in Betracht.

Der Betriebsrat sieht aus vorstehenden Gründen eine Gleichstellung des Herrn ____________ als unbedingt erforderlich an, um Herrn _______ den derzeit innegehaltenen Arbeitsplatz als Facharbeiter erhalten zu können und gleichzeitig den Betriebsrat im Rahmen der Verhandlungen mit dem Arbeitgeber in die Lage zu versetzen, trotz einer gegebenenfalls vorzunehmenden Umstrukturierung auf den Erhalt des Arbeitsplatzes des Herrn ______ zu bestehen.

Für weitere Fragen stehe ich Ihnen jederzeit zur Verfügung.

Mit freundlichen Grüßen

____

Betriebsratsvorsitzender

Muster 15: Stellungnahme der Schwerbehindertenvertretung zu einem Gleichstellungsantrag

Muster 15

Sehr geehrte Damen und Herren,

mit Schreiben vom _____ baten Sie mich als Vertrauensperson um die Stellungnahme zu dem Gleichstellungsantrag des Herrn G.

Herr G ist in unserem Betrieb als ________ tätig.

Unser Betrieb stellt unterschiedliche Büromaterialien her. In der Produktion sind derzeit 120 Mitarbeiter, in der Verwaltung sind derzeit 10 Mitarbeiter tätig. Herr G ist in der Produktion als Produktionshelfer tätig. Dort arbeitet er am Fließband. Diese Tätigkeit kommt Herrn G sehr entgegen. Herr G ist ungelernt und hat ein Rückenleiden. Die Tätigkeit am Fließband erlaubt ihm, zum Teil sitzend und zum Teil stehend zu arbeiten und damit seine Position und Haltung immer wieder auch zu ändern, was sich für ihn entlastend auswirkt. Allerdings wird Herrn G durch seine Vorgesetzten immer wieder vorgeworfen, dass er zu langsam arbeite und im Vergleich zu den Kollegen zu viele „inaktive Zeit“ aufweise.

Zur Zeit hat unser Betrieb erhebliche Auftragsrückgänge zu verzeichnen. In der letzten Sitzung des Wirtschaftsausschusses, an welcher ich als Vertrauensperson teilgenommen habe, teilte die Geschäftsführung mit, dass die derzeitigen monatigen Verluste nur noch kurze Zeit hingenommen werden könnten und kündigte an, dass Kündigungen in allen Bereichen, insbesondere aber auch in der Produktion anstehen könnten.

Es besteht die Gefahr, dass im Falle beabsichtigter Kündigungen die Auswahl auf Herrn G fällt, um den weiteren Arbeitsanfall mit einem jedenfalls angenommenen leistungsstärkeren Personalbestand bewältigen zu können. Die Ihnen bekannten für die soziale Auswahl gemäß § 1 Abs. 3 KSchG relevanten weiteren Sozialdaten des Herrn G sind eher ungünstig. Herr G ist ____ Jahre alt, seit _____ in unserem Betrieb beschäftigt, und hat keine Unterhaltspflichten. Damit gehört Herr G verglichen mit den weiteren Mitarbeitern, die am Band tätig sind, zu den an sich sozial stärkeren Arbeitnehmern und ist deshalb dringend auf die Gleichstellung angewiesen.

Darüber hinaus besteht die Möglichkeit, im Falle einer Gleichstellung unter Umständen zusätzlich gezielte Förderungen des Integrationsamts und dadurch geeignete Hilfsmittel zur Verfügung zu stellen, die dazu führen könnten, dass Herr G sein Arbeitstempo am Band sogar noch erhöhen könnte. Allerdings darf ich betonen, dass Herr G durchschnittliche Leistungen erbringt und durch die Tätigkeit im Rahmen dieser durchschnittlichen Tätigkeiten auch nicht gesundheitlich überfordert wird.

Mit freundlichen Grüßen

____

Vertrauensperson der XYZ-GmbH

2.4 Widersprüche gegen antragsablehnende Entscheidungen

Herausfordernd ist es regelmäßig für die Vertrauensperson, wenn der betroffene Mitarbeiter darum bittet, bei der Formulierung eines Widerspruchs gegen eine ablehnende Entscheidung einer Behörde, also insbesondere des Versorgungsamts auf Feststellung der Schwerbehinderung/ Erhöhung des Grads der Behinderung oder der Agentur für Arbeit auf Feststellung der Gleichstellung (zuständig im Klageverfahren sind die Sozialgerichte) oder des Integrationsamts, das die Zustimmung zur Kündigung erteilt hat (Zuständig im Klageverfahren sind die Verwaltungsgerichte) behilflich zu sein. Als Vertrauensperson sollten Sie klarstellen, dass Sie natürlich gerne behilflich sind, jedoch eine rechtliche Beratung nicht ersetzen können. Es bleibt dann dem Betroffenen überlassen, welche Hilfen, insbesondere also Rechtsberatung durch einen Rechtsanwalt, er in Anspruch nehmen möchte.

Wichtig ist, dass Sie als Vertrauensperson sofort, wenn der Betroffene Ihnen von einer Antragsablehnung mitteilt, nach dem Zeitpunkt des Zugangs der Ablehnung fragen, um sich eine **interne Frist** für weiteres Vorgehen, also regelmäßig einen Widerspruch, eintragen zu können. **Die Frist der Einlegung eines Widerspruchs ist gewahrt, wenn der Widerspruch bei der Behörde, die den Ausgangsbescheid erlassen hat, innerhalb eines Monats nach Zugang dieses Ausgangsbescheids bei dem Betroffenen zugegangen ist. Ein Zugang per Telefax ist ausreichend.**

Das Widerspruchsverfahren ist ein dem Klageverfahren vorgeschaltetes Verfahren, das unterschiedliche Möglichkeiten und Chancen bietet. Unter Umständen ist die sachbearbeitende Stelle, die einen Antrag bearbeitet hatte, überlastet und es passieren bei der Bearbeitung Fehler. Diese Fehler gilt es aufzudecken und im Widerspruch darzustellen, um nach Möglichkeit schon außerhalb eines regelmäßig mehr belastenden und länger andauernden Klageverfahrens erfolgreich zu sein. Es bedarf deshalb der sorgfältigen gemeinsam mit dem Betroffenen vorzunehmenden Durcharbeitung des abweisenden Bescheids. Wichtig ist die Feststellung, an welcher Stelle weitere Begründungen gegeben werden können und wo mitunter weitere ärztliche Gutachten vorteilhaft sein können. Dann liegt es zunächst wieder am Betroffenen, weitere Informationen, Expertisen, Gutachten etc. einzusammeln, bevor daran anschließend ein Widerspruch gemeinsam formuliert werden kann. Daraus ergeben sich im Wesentlichen folgende Schritte:

1. Absicherung/ Eintragung der Frist;
2. Gemeinsame Besprechung des Bescheids und der Möglichkeiten eines Widerspruchs;
3. Gemeinsame Abfassung eines Widerspruchs.

Formulierung eines Widerspruchs

Grundsätzlich muss ein Widerspruch überhaupt nicht begründet werden, um zunächst einmal die Widerspruchsfrist einzuhalten. Es bietet sich deshalb oft an, zunächst einen Widerspruch ohne Begründung abzufassen, insbesondere wenn sich nach Durcharbeit des Ausgangsbescheids feststellen lässt, dass eine weitere Kenntnis der Unterlagen und Gutachten, die die Behörde für ihren Bescheid zugrunde gelegt hat, erforderlich ist:

Muster 16: Widerspruch gegen einen Feststellungsbescheid zum GdB

Muster 16

Max Mustermann Musterstraße 1a 11111 Musterdorf

An das Versorgungsamt

Datum____________

Sehr geehrte Damen und Herren,

gegen Ihren Bescheid vom_____ GZ: _____. lege ich hiermit

Widerspruch

ein.

Eine schriftliche Begründung folgt.

Gleichzeitig beantrage ich, mir alle ärztlichen Zeugnisse, ärztlichen Stellungnahmen und Gutachten, die Grundlage für Ihren Bescheid waren, in Fotokopie zu übersenden (einschließlich der abschließenden beraterähnlichen Stellungnahme). Insoweit bitte ich Sie um möglichst schnelle Übersendung, damit das Widerspruchsverfahren zügig durchgeführt werden kann. Ich werde Ihnen nach Durchsicht aller Unterlagen die Begründung meines Widerspruchs übersenden.

Mit freundlichen Grüßen

Bemerkungen zu dem vorstehenden Widerspruch in Kürze

Widerspruchsfrist

Von entscheidender Bedeutung ist, gegen einen Verwaltungsakt, der nicht akzeptiert werden soll und damit gegen einen Feststellungsbescheid **fristgemäß** Widerspruch einzulegen. Die Widerspruchsfrist beträgt gemäß § 84 Abs. 1 SGG (Sozialgerichtsgesetz) bzw. im Falle einer Entscheidung durch das Integrationsamt gemäß § 70 Abs. 1 Satz 1 VwGO ein Monat nach Bekanntgabe des Widerspruchs, also regelmäßig ab dessen Zugang. Der Widerspruch ist nur eingelegt, wenn er innerhalb der Frist unterschrieben per Telefax oder im Original der Behörde zugeht, die den Verwaltungsakt erlassen hat. Dies gilt nicht, wenn eine Rechtsmittelbelehrung über Form und Frist des Widerspruchs fehlt. In diesem Falle kann innerhalb eines Jahres nach Eingang des Verwaltungsakts noch Widerspruch eingelegt werden, § 84 Abs. 2 SGG, § 70 Abs. 2 VwGO.

Es reicht wie im vorstehenden Musterbeispiel dargestellt aus, wenn kundgetan wird, dass Widerspruch eingelegt wird. Zur Begründung wird der Widerspruchsführer in der Regel separat von der Behörde aufgefordert.

Berechnungsbeispiele zur Frist:

Zugang Widerspruch am Montag, dem 16. November 2020
Fristende am Mittwoch, dem 16. Dezember 2020, §§ 187 Abs. 1, 188 Abs. 2 BGB.

Zugang Widerspruch am Donnerstag, dem 12. November 2020
Fristende am Montag, dem 14. Dezember 2020, §§ 187 Abs. 1, 188 Abs. 2, 193 BGB.

Muster 17: Begründung eines Widerspruchs

Nachdem die Unterlagen an den Betroffenen übersandt wurden, sollten Sie keine Zeit verlieren, die Begründung des Widerspruchs gemeinsam zu formulieren, wobei Sie in dieser Begründung je nach Einzelfall die Umstände herausarbeiten müssen, die die Behörde zu einer abgeänderten Entscheidung bewegen könnten:

Muster 17

Absender (Betroffener Arbeitnehmer)

An das
Versorgungsamt xy
Anschrift

Per Telefax:

Sehr geehrte Damen und Herren,

ich nehme Bezug auf meinen Widerspruch vom _______ gegen Ihren Bescheid vom ________, Ihr Aktz.:

und begründe meinen Widerspruch wie folgt:

Teil 2 Das Schwerbehindertenrecht

1 Das Einstellungsverfahren

1.1 Beteiligungsrechte der Schwerbehindertenvertretung im Einstellungsverfahren

Die Pflicht des Arbeitgebers zur Besetzung freier Arbeitsplätze mit schwerbehinderten Menschen, soweit dies möglich ist, wird durch die Beteiligungsrechte der Schwerbehindertenvertretung im Einstellungsverfahren, §§ 164 Abs. 1, 178 Abs. 2 SGB IX konkretisiert.

§ 164 Abs. 1 SGB IX

(1) [1]Die Arbeitgeber sind verpflichtet zu prüfen, ob freie Arbeitsplätze mit schwerbehinderten Menschen, insbesondere mit bei der Agentur für Arbeit arbeitslos oder arbeitsuchend gemeldeten schwerbehinderten Menschen, besetzt werden können. [2]Sie nehmen frühzeitig Verbindung mit der Agentur für Arbeit auf. [3]Die Bundesagentur für Arbeit oder ein Integrationsfachdienst schlägt den Arbeitgebern geeignete schwerbehinderte Menschen vor. [4]Über die Vermittlungsvorschläge und vorliegende Bewerbungen von schwerbehinderten Menschen haben die Arbeitgeber die Schwerbehindertenvertretung und die in § 176 genannten Vertretungen unmittelbar nach Eingang zu unterrichten. [5]Bei Bewerbungen schwerbehinderter Richterinnen und Richter wird der Präsidialrat unterrichtet und gehört, soweit dieser an der Ernennung zu beteiligen ist. [6]Bei der Prüfung nach Satz 1 beteiligen die Arbeitgeber die Schwerbehindertenvertretung nach § 178 Absatz 2 und hören die in § 176 genannten Vertretungen an.

[7]Erfüllt der Arbeitgeber seine Beschäftigungspflicht nicht und ist die Schwerbehindertenvertretung oder eine in § 176 genannte Vertretung mit der beabsichtigten Entscheidung des Arbeitgebers nicht einverstanden, ist diese unter Darlegung der Gründe mit ihnen zu erörtern. [8]Dabei wird der betroffene schwerbehinderte Mensch angehört. [9]Alle Beteiligten sind vom Arbeitgeber über die getroffene Entscheidung unter Darlegung der Gründe unverzüglich zu unterrichten.

[10]Bei Bewerbungen schwerbehinderter Menschen ist die Schwerbehindertenvertretung nicht zu beteiligen, wenn der schwerbehinderte Mensch die Beteiligung der Schwerbehindertenvertretung ausdrücklich ablehnt.

§ 178 Abs. 2 SGB IX

(2) [1]Der Arbeitgeber hat die Schwerbehindertenvertretung in allen Angelegenheiten, die einen einzelnen oder die schwerbehinderten Menschen als Gruppe berühren, unverzüglich und umfassend zu unterrichten und vor einer Entscheidung anzuhören; er hat ihr die getroffene Entscheidung unverzüglich mitzuteilen. [2]Die Durchführung oder Vollziehung einer ohne Beteiligung nach Satz 1 getroffenen Entscheidung ist auszusetzen, die Beteiligung ist innerhalb von sieben Tagen nachzuholen; sodann ist endgültig zu entscheiden. [3]Die Kündigung eines schwerbehinderten Menschen, die der Arbeitgeber ohne eine Beteiligung nach Satz 1 ausspricht, ist unwirksam. [4]Die Schwerbehindertenvertretung hat das Recht auf Beteiligung am Verfahren nach § 164 Absatz 1 und beim Vorliegen von Vermittlungsvorschlägen der Bundesagentur für Arbeit nach § 164 Absatz 1 oder von Bewerbungen schwerbehinderter Menschen das Recht auf Einsicht in die entscheidungsrelevanten Teile der Bewerbungsunterlagen und Teilnahme an Vorstellungsgesprächen.

Die Entscheidung über Bewerbungen und die Begründung eines Arbeitsverhältnisses ist eine personelle Einzelmaßnahme und damit eine „Angelegenheit" i.S.v. § 178 Abs. 2 Satz 1 SGB IX. Ein schwerbehinderter Bewerber ist durch eine solche Entscheidung immer „berührt" i.S.d. § 178 Abs. 2 Satz 1 SGB IX. Deshalb umfasst das Unterrichtungsrecht der

Schwerbehindertenvertretung die Teilnahme an dem gesamten Auswahlverfahren gemäß § 164 Abs. 1 SGB IX.

Demnach

- hat zunächst der Arbeitgeber unter Kontaktaufnahme mit der Agentur für Arbeit zu prüfen, ob ein Arbeitsplatz mit schwerbehinderten Menschen besetzt werden kann. Schon bei dieser Prüfung ist aber die Schwerbehindertenvertretung zu beteiligen. Betriebs- bzw. Personalrat sind anzuhören. Darüber hinaus sind beide Vertretungen unmittelbar nach Eingang jedes einzelnen Vermittlungsvorschlags und unmittelbar nach Eingang jeder einzelnen Bewerbung zu unterrichten;[6]
- muss der Arbeitgeber die Schwerbehindertenvertretung am gesamten Auswahlverfahren beteiligen, sobald sich ein schwerbehinderter Mensch bewirbt. Er muss die Schwerbehindertenvertretung vor endgültiger Auswahlentscheidung zu dieser Entscheidung anhören;
- hat der Arbeitgeber eine besondere Erörterungspflicht, wenn er seine Beschäftigungspflicht nicht erfüllt. Ist in diesem Falle die Schwerbehindertenvertretung mit der Entscheidung des Arbeitgebers nicht einverstanden, so ist seine Entscheidung mit der Schwerbehindertenvertretung unter Anhörung auch des (abgelehnten) Betroffenen zu erörtern;
- hat der Arbeitgeber die Schwerbehindertenvertretung immer von seiner letztendlich getroffenen Entscheidung zu unterrichten. Nur für den Fall, dass der Arbeitgeber seine Beschäftigungspflicht nicht erfüllt und die Schwerbehindertenvertretung nicht mit der beabsichtigten Entscheidung einverstanden ist, hat diese Unterrichtung als Erörterung mit der Vertrauensperson unter Darlegung der Gründe der Entscheidung und Anhörung des betroffenen schwerbehinderten Menschen zu erfolgen;
- muss der Arbeitgeber die Beteiligung der Schwerbehindertenvertretung unterlassen, wenn der Bewerber eine solche Beteiligung ausdrücklich ablehnt.

Die Vertrauensperson hat unterschiedliche Möglichkeiten, ihre umfangreichen Ansprüche gemäß §§ 164 Abs. 1 i.V.m 178 Abs. 2 Satz 1 i.V.m Satz 4 möglichst erfolgreich geltend zu machen.

Je nach Einzelfall könnte die Vorgehensweise sein:

1. Kontaktaufnahme der Vertrauensperson zum Arbeitgeber:
- Nicht ordnungsgemäße Beteiligung bemängeln.
- Ausbildung und Kenntnisse des schwerbehinderten (internen oder externen) Bewerbers ausführlich darstellen.
- Hinweis darauf, dass eine Verpflichtung zur bevorzugten Berücksichtigung des schwerbehinderten Bewerbers und zur leidensgerechten Arbeitsplatzgestaltung bestehen könnte oder unter Umständen auch mit Ansprüchen des nicht berücksichtigten Bewerbers wegen Benachteiligung gerechnet werden müsste.
- Gegebenenfalls Vorschlag, Angelegenheit in persönlichem Gespräch zu erörtern.

2. Kontaktaufnahme der Vertrauensperson mit dem Integrationsamt:
- Nachfrage nach möglichen Zuschüssen für Einrichtung eines Arbeitsplatzes, der der Behinderung des schwerbehinderten Bewerbers gerecht wird.
- Nachfrage nach einer Beratung vor Ort im Betrieb durch den technischen Dienst und jeweils unverzügliche Mitteilung an den Arbeitgeber, falls das Integrationsamt Bereitschaft zur Unterstützung, Zahlung von Zuschüssen, etc. zeigt.

3. Kontaktaufnahme mit dem Betriebsratsvorsitzenden und Schilderung der Bewerbung, damit der Betriebsrat ebenfalls zu Gunsten des schwerbehinderten Bewerbers agieren

[6] BAG 25.11.2021 – 8 AZR 313/20

kann, sobald der Arbeitgeber versucht, den Arbeitsplatz schnell mit seinem „Wunschkandidaten“ zu besetzen.

4. Unter Umständen Kontaktaufnahme mit einem im Einzelfall gegebenenfalls zuständigen Rehabilitationsträger.

Muster 18: Mangelhafte Beteiligung der Schwerbehindertenvertretung bei einer hausinternen Bewerbung

Muster 18

Vertrauensperson der XYZ- GmbH

– im Hause –

Geschäftsführung der XYZ- GmbH

Musterdorf, den ___________

Hausinterne Ausschreibung der Stelle eines Lohnbuchhalters und Bewerbungsverfahren des Herrn A

Sehr geehrte Frau _____, sehr geehrter Herr_____,

Herr A, Abteilung allgemeine Verwaltung, hat mir in meiner Eigenschaft als Vertrauensperson mitgeteilt, dass er sich auf die hausinterne Ausschreibung eines Lohnbuchhalters beworben hat. Von der Bewerbung des Herrn A bin ich nicht von Ihnen unterrichtet worden. Zu dieser Unterrichtung sind Sie gemäß § 178 Abs. 2 Satz 1 SGB IX und auch gemäß § 164 Abs. 1 Satz 4 SGB IX verpflichtet. Über Ihr Verhalten bin ich verwundert. Ich bitte Sie, mich zukünftig von betriebsinternen Bewerbungen schwerbehinderter Kollegen so schnell wie möglich zu unterrichten, damit ich, soweit erforderlich, etwaige, für das Unternehmen und den betroffenen Mitarbeiter vorteilhafte, weitere Schritte meinerseits einleiten kann.

Zwischenzeitlich habe ich ein ausführliches Gespräch mit Herrn A führen können. Herr A ist, wie er Ihnen mitgeteilt hat, ausgebildeter Lohnbuchhalter und damit für die ausgeschriebene Stelle ganz besonders geeignet. Wegen seiner starken Sehbehinderung benötigt Herr A auch für seine Tätigkeit in der Lohnbuchhaltung eine entsprechend ausgerichtete Software. Aus diesem Grunde habe ich mich bereits mit dem Integrationsamt wegen möglicher Förderungen in Verbindung gesetzt. Über das Ergebnis werde ich Sie unverzüglich unterrichten. Ich schlage vor, diese Unterrichtung mit einem gemeinsamen Gespräch zusammen mit Herrn A zu verbinden.

Mit freundlichen Grüßen

____

(Vertrauensperson)

Muster 19: Gesprächsangebot der Schwerbehindertenvertretung an den Arbeitgeber nach hausinterner Bewerbung eines schwerbehinderten Menschen

Muster 19

Vertrauensperson der

– im Hause –

__________ GmbH

Geschäftsführung

Musterdorf, den ____________

Hausinterne Ausschreibung der Stelle eines Lohnbuchhalters und Bewerbungsverfahren des Herrn A

Sehr geehrte Frau _____, sehr geehrter Herr _____,

wie Sie wissen, unterstütze ich als Vertrauensperson die Bewerbung des Herrn A für die intern in unserem Betrieb ausgeschriebene Stelle eines Lohnbuchhalters.

Nach § 164 Abs. 4 Satz 1 Nr. 1 und Nr. 4, 5 SGB IX hat Herr A als schwerbehinderter Mensch einen Anspruch auf eine Beschäftigung, in der er seine Fähigkeiten und Kenntnisse möglichst voll verwerten kann sowie eine seiner Behinderung gerecht werdende Gestaltung seines Arbeitsplatzes und entsprechende technisches Ausstattung. Um die Geschäftsführung zu unterstützen, habe ich zwischenzeitlich mit dem Integrationsamt Kontakt aufgenommen. Der zuständige Mitarbeiter hat angeboten, sich den in Frage stehenden Arbeitsplatz in der Lohnbuchhaltung anzusehen und dann der Geschäftsführung Angebote für die Beteiligung des Integrationsamts an der erforderlichen, vor allem auch technischen, Ausstattung zu unterbreiten. Ich schlage ein gemeinsames Gespräch zwischen der Geschäftsführung, dem Mitarbeiter des Integrationsamts, Herrn A und mir zur Klärung weiterer Einzelheiten vor.

Mit freundlichen Grüßen

____

(Vertrauensperson)

1.2 Besonderes Budget für Arbeit und Ausbildung

Entsprechend der besonderen Vorschrift des § 61 SGB IX kann ein Arbeitgeber ganz erhebliche finanzielle Leistungen erhalten, falls er einen Arbeitsplatz zur Verfügung stellen kann, der für einen in einer anerkannten Werkstatt gemäß § 58 SGB IX beschäftigten Menschen mit Behinderungen geeignet sein könnte. Voraussetzung ist, dass diesem schwerbehinderten Menschen ein sozialversicherungspflichtiges Arbeitsverhältnis mit einer tarifvertraglichen oder ortsüblichen Entlohnung angeboten werden kann. Diese regelmäßig sehr schwer beeinträchtigten Menschen erhalten ein so genanntes Budget für Arbeit. Dieses umfasst einen Lohnkostenzuschuss an den Arbeitgeber zum Ausgleich der Leistungsminderung des Beschäftigten und darüber hinaus die Aufwendungen für die wegen der Behinderung erforderliche Anleitung und Begleitung. Wenigen Arbeitgebern ist es bewusst, dass der Lohnkostenzuschuss bis zu 75 % des von dem Arbeitgeber regelmäßig gezahlten Arbeitsentgelts enthalten kann. Da sich Dauer und Umfang dieses Zuschusses nach dem Einzelfall bestimmt, ist es möglich, zunächst einen dauerhaften Lohnkostenzuschuss, eben je nach Behinderung zu vereinbaren. Die Vertrauensperson sollte, soweit sie in einem Betrieb tätig ist, der entsprechend geeignete Arbeitsplätze zur Verfügung stellen kann, den Arbeitgeber bei Freiwerden eines solchen Arbeitsplatzes auf diese Möglichkeit hinweisen:

Des Weiteren wurde nachträglich mit § 61 a SGB IX noch ein weiteres Budget für Ausbildung eingefügt. Auch dieses könnte für den Betrieb und das Unternehmen der Vertrauensperson von Interesse sein. Ein Arbeitgeber kann nämlich gemäß § 61 a SGB IX nun auch ganz erhebliche Zuschüsse erhalten, wenn er behinderten Menschen mit Leistungsansprüchen gemäß §§ 57 oder 58 SGB IX ein sozialversicherungspflichtiges Ausbildungsverhältnis in einem anerkannten Ausbildungsberuf oder in einem Ausbildungsgang nach § 66 des Berufsbildungsgesetzes oder § 42 r der Handwerksordnung anbietet. Auch diese Leistungen sind beträchtlich. Sie umfassen

1. die Erstattung der angemessenen Ausbildungsvergütung einschließlich des Anteils des Arbeitgebers am Gesamtsozialversicherungsbeitrag und des Beitrags zur Unfallversicherung nach Maßgabe des Siebten Buches,
2. die Aufwendungen für die wegen der Behinderung erforderliche Anleitung und Begleitung am Ausbildungsplatz und in der Berufsschule sowie
3. die erforderlichen Fahrkosten.

Auch das Budget für Ausbildung wird erbracht, solange es erforderlich ist, längstens allerdings, dies ist nachvollziehbar, bis zum erfolgreichen Abschluss der Ausbildung. Als Vertrauensperson sollte es Ihnen stets ein besonderes Anliegen sein, vor allem auch besonders schwer beeinträchtigten jugendlichen Beschäftigten die Chance einer Ausbildung zu bieten. Dem Arbeitgeber können Sie gleich zwei finanzielle Anreize aufzeigen. Zum einen der Anreiz für eine mehrfache Anrechnung auf Pflichtarbeitsplätzen gemäß § 159 Abs. 2 SGB IX sowie zum anderen die vorstehend dargestellte umfangreiche finanzielle Unterstützung.

Muster 20: Schreiben zum besonderen Budget für Arbeit

Muster 20

Vertrauensperson
– im Hause –

___________ GmbH
Geschäftsführung

Musterdorf, den ___________

Freiwerden der Stelle eines Produktionshelfers für einfache Reinigungstätigkeiten

Sehr geehrte Frau _____, sehr geehrter Herr_____,

nachdem das Arbeitsverhältnis mit unserem Kollegen Herrn _______ zum Ende dieses Jahres altersbedingt beendet werden wird, hatten Sie organisatorische Veränderungen im Reinigungsbereich der Produktion beschlossen. Zukünftig solle der jeweilige Abteilungsleiter die auch unter Tage während des Schichtbetriebs erforderliche Reinigung der jeweiligen Geräte und Maschinen auf die Produktionsmitarbeiter verteilen. Als Vertrauensperson ist mir diese Entscheidung durchaus verständlich. Ich bedanke mich an dieser Stelle noch einmal besonderes dafür, dass der Arbeitsplatz für unseren Kollegen Herrn _____ bis zu seinem Ausscheiden unangetastet geblieben ist.

Gleichwohl möchte ich Ihnen folgenden Vorschlag unterbreiten, der vor allem auch die erhebliche Arbeitsbelastung unserer Produktionsmitarbeiter im laufenden Schichtbetrieb im Blick hat:

Das Schwerbehindertenrecht sieht die Unterstützung des Arbeitgebers mit einem ganz erheblichen Lohnkostenzuschuss, nämlich bis zu 75% des von Ihnen auch an Herrn _____ auf dessen Arbeitsplatz gezahlten Entgelts vor, wenn dieser Arbeitsplatz erhalten bliebe und auf diesem Arbeitsplatz ein derzeit in einer anerkannten Werkstatt für behinderte Menschen beschäftigter schwerbehinderter Mensch eingesetzt würde, geregelt in § 61 SGB IX. Ich hatte nun rein informationshalber einmal bei der ortsnahen Werkstatt für Behinderte Menschen _______ nachgefragt, ob es vorstellbar ist, einen geeigneten Menschen mit unter Umständen erheblicher Lernbehinderung zu vermitteln. Tatsächlich könnte dies möglich sein. Ich rege deshalb ein gemeinsames Gespräch mit Ihnen, sehr geehrter Herr Geschäftsführer ______ an, um diese Möglichkeit zu besprechen. Tatsächlich würde der Erhalt des Arbeitsplatzes unsere bereits jetzt sehr belasteten Produktionsmitarbeiter entlasten. Hinzu kommt, dass diese zum Teil hoch qualifizierten Kollegen nicht unbedingt bereit sind, die anstehenden Reinigungsarbeiten auszuführen, so dass auch ein verschlechtertes Betriebsklima die Folge sein könnte. Dagegen kann davon ausgegangen werden, dass ein entsprechend für diese Tätigkeiten geeigneter schwerbehinderter Mensch mit Freude und damit sicherlich zum Vorteil aller Beteiligten diese Tätigkeiten dauerhaft ausführen könnte.

Mit freundlichen Grüßen

____
(Vertrauensperson)

Muster 21: Schreiben zum besonderen Budget für Ausbildung

Muster 21

Vertrauensperson
– im Hause –

__________ GmbH

Geschäftsführung

Musterdorf, den ___________

Freier Ausbildungsplatz in dem Ausbildungsberuf eines ________

Sehr geehrte Frau _____, sehr geehrter Herr_____,

als Vertrauensperson wurde mir bekannt, dass Sie noch einen Auszubildenden für die Ausbildung in dem Ausbildungsberuf eines _______ suchen. Hierzu möchte ich Ihnen folgenden Vorschlag unterbreiten:

Das Schwerbehindertenrecht sieht umfangreiche finanzielle Leistungen zur Unterstützung des Arbeitgebers vor, der einem erheblich eingeschränkten Menschen mit Behinderung, der in einer anerkannten Werkstatt für behinderte Menschen beschäftigt oder auch ausgebildet wird ein Ausbildungsverhältnis in einem anerkannten Ausbildungsberuf anbietet. Die Einzelheiten und Voraussetzungen dieser finanziellen Leistungen würde ich Ihnen gerne in einem persönlichen Gespräch erläutern. Die finanziellen Leistungen umfassen die gesamte angemessene Ausbildungsvergütung einschließlich des Anteils am Gesamtsozialversicherungsbeitrag und des Beitrags zur Unfallversicherung gemäß SGB VII sowie die Aufwendungen für die wegen der Behinderung erforderliche Anleitung und Begleitung am Ausbildungsplatz und auch Fahrtkosten, soweit der Arbeitgeber für diese aufzukommen hätte. Geregelt ist dies in § 61 a SGB IX. Ich hatte nun rein informationshalber einmal bei der ortsnahen Werkstatt für Behinderte Menschen _______ nachgefragt, ob es vorstellbar ist, einen geeigneten, insbesondere jugendlichen Menschen bzw. jungen Erwachsenen mit unter Umständen erheblicher Lernbehinderung oder auch einer anderen erheblichen Einschränkungen in den Ausbildungsberuf eines ________ zu vermitteln. Tatsächlich könnte dies möglich sein. Ich rege deshalb ein gemeinsames Gespräch mit Ihnen, sehr geehrter Herr Geschäftsführer ______ an, um diese Möglichkeit zu besprechen und näher zu erläutern.

Die Ausbildung eines entsprechend geförderten schwerbehinderten Menschen hätte darüber hinaus zur Folge, dass dieser auf mindestens zwei Ihrer Pflichtarbeitsplätze angerechnet wird.

Mit freundlichen Grüßen

____

(Vertrauensperson)

2 Allgemeine Aufgaben der Vertrauensperson

2.1 Allgemeine Unterrichtungs- und Anhörungsrechte der Schwerbehindertenvertretung

§ 178 Abs. 2 Satz 1 SGB IX

formuliert

- ein Unterrichtungsrecht und
- ein Anhörungsrecht der SBV.

Voraussetzung des Unterrichtungsrechts ist:

„Berührt sein" eines einzelnen schwerbehinderten Beschäftigten oder der schwerbehinderten Beschäftigten als Gruppe

Beispiele „Berührt sein":

1. Abschluss eines Aufhebungsvertrag mit einem schwerbehinderten Menschen (hier liegt nach der Rechtsprechung keine Entscheidung vor[7]);
2. Abschluss Arbeitsvertrag mit einem schwerbehinderten Menschen.

Das Unterrichtungsrecht muss immer nur **unverzüglich und umfassend** ausgeübt werden. Dies bedeutet, dass auch eine Unterrichtung über eine den einzelnen schwerbehinderten Menschen oder die Gruppe der schwerbehinderten Menschen berührenden Angelegenheit auch noch nach Abschluss dieser Angelegenheit möglich ist, wenn dies noch unverzüglich ist. Konsequenz ist, dass ein Schutz bzw. eine Unterstützung des betroffenen Mitarbeiters unter Umständen nicht mehr möglich ist, so beispielsweise bei einem beidseitig unterzeichneten Aufhebungsvertrag.

Voraussetzung eines Anhörungsrechts ist:

Der Arbeitgeber muss das Treffen einer einseitigen Entscheidung beabsichtigen

Beispiele Entscheidung:

1. Abmahnung eines schwerbehinderten Menschen;
2. Kündigung eines schwerbehinderten Menschen.

Eine Anhörung hat immer **vor** dem endgültigen Treffen der Entscheidung zu erfolgen.

[7] **BAG** 14.03.2012 – 7 ABR 67/10

Muster 22: Verletzung des Unterrichtungsrechts nach § 178 Abs. 2 Satz 1 SGB IX

– Schreiben an den Arbeitgeber –

Muster 22

Vertrauensperson der

– im Hause –

An die ___________ GmbH, Geschäftsführung

Musterdorf, den ___________

Unverzügliche Unterrichtung gemäß § 178 Abs. 2 Satz 1 1. Alt. SGB IX
Abschluss eines Aufhebungsvertrags mit Herrn XY

Sehr geehrter Herr Geschäftsführer ______,

am gestrigen Dienstagnachmittag, dem _________ suchte mich der Kollege XY in meiner Eigenschaft als Vertrauensperson auf. Bekanntlich ist der Kollege XY schwerbehindert. Er teilte mir mit, dass Sie ihm im Rahmen eines kurzfristig am Dienstagmorgen für 12.00 Uhr des gleichen Tages einberufenen Personalgesprächs, an welchem Sie, sehr geehrter Herr Geschäftsführer _____ und der Produktionsleiter P teilgenommen hatten, einen von Ihnen bereits unterzeichneten Aufhebungsvertrag zur sofortigen Unterschrift vorgelegt hatten. Gleichwohl hat Herr XY diesen Aufhebungsvertrag nicht unterzeichnet und stattdessen am Dienstagnachmittag mit mir Kontakt aufgenommen.

Indem Sie mich nicht unverzüglich von dem geplanten Personalgespräch unterrichtet haben, haben sie gegen mein entsprechendes Unterrichtungsrecht gemäß § 178 Abs. 2 Satz 1 SGB IX verstoßen. Ich befand mich über den gesamten Montag hinweg und auch über den gesamten Dienstagvormittag hinweg bis 12.00 Uhr durchgehend in meinem Büro. Sie hätten mich also problemlos noch vor dem Personalgespräch unterrichten können. Nur dies hätte der gesetzlich geforderten Unverzüglichkeit entsprochen. Es bedarf keiner weiteren Ausführungen, dass ich Herrn XY in diesem Falle bei dem Personalgespräch begleitet hätte.

Sehr geehrter Herr Geschäftsführer ______, ich fordere Sie hiermit dazu auf, zukünftig mein Recht auf unverzügliche Unterrichtung in einer Angelegenheit, die einen einzelnen schwerbehinderten Menschen oder die schwerbehinderten Menschen als Gruppe berühren, ordnungsgemäß wahr zu nehmen. Im anderen Falle werde ich dieses Recht im arbeitsgerichtlichen Beschlussverfahren feststellen lassen.

Mit freundlichen Grüßen

____
Vertrauensperson

Anmerkung zu vorstehendem Schreiben:
Das BAG hat mit Entscheidung vom 14. März 2012 – 7 ABR 67/10 festgestellt, dass es sich bei dem Abschluss eines Aufhebungsvertrags nicht um eine Entscheidung des Arbeitgebers, sondern nur um eine Angelegenheit im Sinne des § 178 Abs. 2 Satz 1 1. Alternative SGB IX handelt, zu der die Schwerbehindertenvertretung nicht anzuhören, sondern nur unverzüglich zu unterrichten ist. Sei diese Unterrichtung vor Durchführung der Angelegenheit nicht möglich, sei die unverzügliche Unterrichtung auch noch nach Beendigung der Angelegenheit möglich. Es leuchtet ein, dass dies dem betroffenen Arbeitnehmer nichts mehr nutzt, falls er den angebotenen Aufhebungsvertrag bereits – ohne Beratung und Unterstützung beispielsweise durch die SBV, unter Umständen auch eingeschüchtert, unterschrieben hat, wie dies leider immer wieder vorkommt. Deshalb ist es unabhängig davon, dass man durchaus mit guten Gründen eine andere Ansicht als das BAG mit seiner Entscheidung vom 14. März 2012 vertreten könnte, in der Praxis vor allem wichtig zu verdeutlichen, dass regelmäßig eine Unterrichtung nur dann unverzüglich ist, wenn sie noch ***vor Durchführung*** *der jeweiligen Angelegenheit erfolgt. Es wird nur selten der Fall sein, dass der Arbeitgeber sich während des Personalgesprächs dazu entscheidet, dem Arbeitnehmer einen Aufhebungsvertrag anzubieten. Im Fall ist die Situation recht eindeutig. Der Arbeitgeber legt einen bereits unterzeichneten Aufhebungsvertrag vor.*

Muster 23: Verletzung des Anhörungsrechts – Aussetzung nach § 178 Abs. 2 Satz 2 SGB IX

– Schreiben an den Arbeitgeber / Inklusionsbeauftragten –

Muster 23

Vertrauensperson der

– im Hause –

An die __________ GmbH, Geschäftsführung

Musterdorf, den_________

Abmahnung des Herrn _____

Sehr geehrte Frau_____, sehr geehrter Herr_____,

der schwerbehinderte Herr _____, der in der Buchhaltung tätig ist, hat mich heute in meiner Eigenschaft als Vertrauensperson aufgesucht und mich um eine Empfehlung gebeten, wie er auf eine ihm am heutigen Vormittag durch seinen Vorgesetzten, Herrn _______V überreichte Abmahnung reagieren sollte. Mit Erstaunen habe ich die Abmahnung des Herrn ____ vom heutigen Tage zur Kenntnis genommen.

Nach § 178 Abs. 2 Satz 1 SGB IX sind sie verpflichtet, mich vor jeder Entscheidung anzuhören, die einen schwerbehinderten Menschen berührt. Bei dem Ausspruch einer Abmahnung handelt es sich um eine einseitige Entscheidung. Dies dürfte von Ihnen nicht bestritten werden. Meine Anhörung ist nicht erfolgt. Wegen der besonders nachteiligen Folgen, die die ausgesprochene Abmahnung unter Umständen für das Arbeitsverhältnis des Herrn _____ haben kann, fordere ich Sie zunächst dazu auf und bitte Sie darum, die bereits ausgesprochene Abmahnung für gegenstandslos zu erklären und das unterlassene Anhörungsverfahren durchzuführen. Erst danach sind Sie berechtigt, über den Ausspruch, bzw. ein Festhalten an Ihrer Abmahnung endgültig zu entscheiden. Ich bitte Sie deshalb um kurzfristige Unterrichtung der Hintergründe für den Ausspruch einer Abmahnung. Ich werde dann unter Rücksprache mit Herrn ______ unverzüglich Stellung nehmen.

Mit freundlichen Grüßen

____

Vertrauensperson

Anmerkung zu vorstehendem Schreiben:
*Das Schreiben ist ein Vorschlag einer Verfahrensweise. An sich hätte die Vertrauensperson vor Ausspruch der Abmahnung unterrichtet werden müssen und ihr hätte die Gelegenheit gegeben werden müssen, Stellung zu nehmen. Erfolgt dies nicht, hat die Vertrauensperson das so genannte Aussetzungsrecht. Sie kann verlangen, dass ihre Beteiligung innerhalb von sieben Tagen nachgeholt wird. Das Problem ist nur, dass gerade einseitige Entscheidungen, wie z.B. die Entscheidung, eine Abmahnung auszusprechen, dann im Regelfall bereits ausgesprochen wurden. Eine einmal ausgesprochene Abmahnung kann an sich nicht mehr „ausgesetzt" werden. Hat der Arbeitgeber eine Maßnahme durchgeführt und – wie hier – durch den Zugang der Abmahnung bei dem Arbeitnehmer vollzogen, läuft das Aussetzungsrecht ins Leere, siehe auch **BAG** 30.4.2014 – 7 ABR 30/12). Das vorstehende Schreiben ist als vermittelnder Versuch zu sehen, doch noch mit dem Arbeitgeber über die Angelegenheit in das Gespräch zu kommen und unter Umständen eine Rücknahme der Abmahnung zu erreichen.*

Muster 24: Geltendmachung des Aussetzungsrechts gemäß § 178 Abs. 2 Satz 2 SGB IX

Im Falle der Nichtbeachtung des Anhörungsrechts der Schwerbehindertenvertretung vor einer Entscheidung hat die Schwerbehindertenvertretung ein so genanntes Aussetzungsrecht gemäß § 178 Abs. 2 Satz 2 SGB IX, das sie immer dann ausüben kann, wenn sie von der Entscheidung des Arbeitgebers erfährt, der Arbeitgeber aber die Entscheidung noch nicht ausgeführt hat.

Schreiben an den Arbeitgeber/ Inklusionsbeauftragten

Muster 24

Vertrauensperson der _____GmbH
– im Hause –

___________ GmbH

Geschäftsführung

Musterdorf, den ___________

Aussetzung der Entscheidung, den Arbeitsplatz des Herrn A von dem Büro Raum ___ in das Büro Raum___ zu verlegen

Sehr geehrte Frau _____, sehr geehrter Herr _____,

Herr A hat mir in meiner Eigenschaft als Vertrauensperson mitgeteilt, dass Sie Herrn A angewiesen haben, zukünftig anstelle in Raum B an einem Arbeitsplatz in Raum C tätig zu sein. Zunächst darf ich Sie darauf hinweisen, dass es sich dabei um eine Anweisung handelt, die Herrn A als schwerbehinderten Menschen berührt. Aus diesem Grunde hätte ich als Vertrauensperson von Ihrer Entscheidung vorab unterrichtet werden müssen. Darüber hinaus hätte ich als Vertrauensperson auch vor Ihrer Entscheidung angehört werden müssen. Im Rahmen eines solchen vorherigen Anhörungsverfahrens ist es mir möglich, die erheblichen Probleme, die Ihre Entscheidung wegen der Behinderung des Herrn A für diesen mit sich bringt vorzubringen. Ich gehe fest davon aus, dass Sie nach Kenntnisnahme meiner Stellungnahme Ihre Entscheidung noch einmal überdenken werden. Mir ist darüber hinaus besonders wichtig, die Gesamtangelegenheit noch einmal im Beisein des Herrn A mit Ihnen zu besprechen. Dies ist kurzfristig im Laufe der nächsten sieben Tage möglich. Ich bitte Sie deshalb darum, mich über die Grundlagen und Hintergründe Ihrer Entscheidung zu unterrichten. Ich werde unverzüglich Stellung nehmen, so dass wir im Anschluss daran ein gemeinsames Gespräch führen könnten. Ich verlange deshalb, die Durchführung der Verlegung des Arbeitsplatzes für die nächsten sieben Tage zur Nachholung des Anhörungsverfahrens auszusetzen. Dies bedeutet, dass Herr A berechtigt ist, zunächst in seinem derzeitigen Büro weiter tätig zu sein. Es bleibt dann abzuwarten, welche endgültige Entscheidung Sie nach Durchführung des Verfahrens treffen werden.

Mit freundlichen Grüßen

____
(Vertrauensperson)

3 Bestellung eines Inklusionsbeauftragten

Der Arbeitgeber bestellt gemäß § 181 SGB IX einen Inklusionsbeauftragten, der berechtigt ist, den Arbeitgeber in Angelegenheiten schwerbehinderter Menschen verantwortlich zu vertreten. Insbesondere soll der Inklusionsbeauftragte auch darauf achten, dass der Arbeitgeber die ihm obliegenden Verpflichtungen im Bereich des Schwerbehindertenrechts erfüllt. Er hat eng vor allem mit der Schwerbehindertenvertretung und dem Betriebsrat zusammen zu arbeiten, um die Teilhabe der schwerbehinderten Menschen am Arbeitsleben nach Möglichkeit zu verwirklichen. Daraus ergibt sich, dass sowohl der Betriebsrat, als auch die Vertrauensperson ein erhebliches Interesse an der Benennung des Inklusionsbeauftragten haben. Gleichwohl wird diese Pflicht zur Benennung immer wieder verletzt. Da es sich aber nicht um eine gegenüber dem Betriebsrat oder der Schwerbehindertenvertretung bestehende direkte Pflicht handelt, haben weder der Betriebsrat noch die Schwerbehindertenvertretung die Möglichkeit, die Benennung eines Inklusionsbeauftragten gerichtlich durchzusetzen. Die Schwerbehindertenvertretung kann zwar bei dem Integrationsamt anregen, den Arbeitgeber zu einer solchen Bestellung anzuhalten, oftmals geschieht dies aber gleichwohl leider nicht. Die Schwerbehindertenvertretung sollte deshalb versuchen, andere Wege zu gehen:

Muster 25: Initiative bei Weigerung der Bestellung des Inklusionsbeauftragten

Muster 25

Vertrauensperson der
(im Hause)

An die Geschäftsführung der _______ GmbH
(im Hause)

Musterdorf, den ______________

Weigerung einer Bestellung eines Inklusionsbeauftragten

Sehr geehrter Herr ____________,

als Vertrauensperson des einzigen Betriebs der ________ GmbH habe ich Sie wiederholt gebeten, Ihrer rechtlichen Verpflichtung zur Bestellung eines Inklusionsbeauftragten gemäß § 181 SGB IX nachzukommen. Dies haben Sie bis zum heutigen Tage unterlassen.

Mir liegt daran, Sie darauf hinzuweisen, dass ich Sie zukünftig in allen Angelegenheiten, für die zunächst der bestellte Inklusionsbeauftragte zuständig wäre, direkt kontaktieren werde. Sollten Sie zu einer sachgemäßen Erledigung, insbesondere auch wegen anderweitiger Beanspruchung nicht in der Lage sein, werde ich darauf keine Rücksicht mehr nehmen, sofern dies zu Lasten der von mir vertretenen schwerbehinderten und gleichgestellten Beschäftigten geht.

Darüber hinaus gehe ich davon aus, dass sich die Geschäftsführung mangels Erfüllung ihrer rechtlichen Verpflichtungen zur Bestellung eines Inklusionsbeauftragten in Fällen des § 164 Abs. 4 SGB IX auf eine mangelnde Zumutbarkeit nicht berufen können wird. Dies werde ich in meiner Eigenschaft als Vertrauensperson den von mir vertretenen Beschäftigten mitteilen.

Schließlich halte ich es auch für möglich, dass im Einzelfall die fortwährende Verweigerung Ihrerseits, einen Inklusionsbeauftragten zu bestellen, eine Benachteiligung schwerbehinderter Arbeitnehmer, beispielsweise im Bewerbungsverfahren darstellen könnte. In diesem Falle haben Sie unter Umständen mit gegen Sie gerichteten Schadensersatzansprüchen gemäß § 15 AGG zu rechnen.

Mit freundlichen Grüßen

____

Vertrauensperson der ________ GmbH

4 Unterstützung bei der Einsicht in die Personalakte

Die Vertrauensperson hat gemäß § 178 Abs. 3 SGB IX das Recht, bei entsprechender Hinzuziehung schwerbehinderte Arbeitnehmer bei der Einsichtnahme der eigenen Personalakte zu begleiten und zu unterstützen. Hier besteht eine besondere Schweigepflicht, die über die Schweigepflicht des § 179 Abs. 7 SGB IX hinausgeht. **Der Arbeitnehmer kann die Vertrauensperson um strengstes Stillschweigen bitten. Diese Schweigepflicht gilt dann auch gegenüber den in § 179 SGB IX genannten Ämtern und weiteren Organen des Betriebsverfassungsrechts, also insbesondere auch dem Betriebsrat.** Stellen die Vertrauensperson und der betroffene Arbeitnehmer Mängel hinsichtlich der Führung der Personalakte fest, muss die Berichtigung betrieben werden, um Nachteile für den betroffenen Arbeitnehmer abzuwenden.

Muster 26: Schreiben an den Arbeitgeber / Inklusionsbeauftragten nach der Einsicht in eine Personalakte

Muster 26

Vertrauensperson der
– im Hause –

___________ GmbH
Geschäftsführung

Musterdorf, den ______________

Einsichtnahme in die Personalakte des Herrn M

Sehr geehrte Frau _____, sehr geehrter Herr_____,

am ____ habe ich in meiner Eigenschaft als Vertrauensperson zusammen mit Herrn M die Personalakte des Herrn M eingesehen. Grund der Einsichtnahme war die Überprüfung der Aufbewahrung der vertraulichen Gesundheitsdaten des Herrn M. Wir mussten leider feststellen, dass sich die sensiblen Gesundheitsdaten des Herrn M ohne besonderen Schutz offen in der Personalakte des Herrn M befinden. Wie Sie sich sicherlich vorstellen können, ist dies für Herrn M sehr unangenehm. Herr M bedarf eines besonderen Schutzes gegen die Ausweitung des informationsberechtigten Personenkreises im Hinblick auf seine Gesundheitsdaten sowie auch eine nicht beabsichtigte zufällige Kenntnisnahme bei der Einsichtnahme seiner Personalakte aus routinemäßigen Gründen. Zu solchen Schutzmaßnahmen sind Sie gemäß Art. 9 Abs. 1 EU'-DSGVO in Verbindung mit § 26 BDSG verpflichtet. Herr M bittet deshalb darum und beantragt, alle in seiner Personalakte befindlichen Gesundheitsdaten und entsprechenden Informationen, Gutachten, Berichte, Atteste etc. ab sofort in einem geschlossenen Umschlag als Teil seiner Personalakte aufzubewahren, bezüglich dessen nur die Personalleitung/Stellvertretung ein Einsichtsrecht hat.

Ich bitte Sie um Bestätigung und habe Herrn M empfohlen, seine Personalakte in einer Woche erneut unter meiner Begleitung einzusehen, um die Umsetzung des vorstehenden Anliegens zu überprüfen.

Mit freundlichen Grüßen

____
(Vertrauensperson)

5 Beteiligung der Schwerbehindertenvertretung an Betriebs- bzw. Personalratssitzungen bzw. an Sitzungen der Ausschüsse des Betriebsrats

5.1 Rechtzeitige Einladung unter Mitteilung der Tagesordnung gemäß § 29 Abs. 2 Satz 3 und 4 BetrVG

Die Vertrauensperson hat ein uneingeschränktes Recht, an allen Betriebsratssitzungen sowie Sitzungen der Ausschüsse des Betriebsrats, auch des Wirtschaftsausschusses und des Arbeitsschutzausschusses beratend teilzunehmen. Darüber hinaus kann sie beantragen Angelegenheiten, welche einzelne schwerbehinderte Beschäftigte oder die Gruppe der schwerbehinderten Beschäftigten betreffen, auf die Tagesordnung der nächsten Sitzung zu nehmen. Immer wieder passiert es, dass die Vertrauensperson nicht von dem Betriebsratsvorsitzenden eingeladen wird oder ihr nicht alle Informationen zu einer Betriebsratssitzung, beispielsweise die Tagesordnung vorab erteilt werden. Die Vertrauensperson sollte ihre diesbezüglichen Rechte konsequent durchsetzen. Nur so erhält sie ausreichende Informationen zu den auch für die Ausübung ihrer eigenen Vertretung wichtigen Sachverhalten im Betrieb. Die Betriebsratssitzung bzw. die Ausschusssitzungen gehören für die Vertrauensperson zu den wichtigsten Informationsquellen hinsichtlich des Betriebsgeschehens.

Muster 27: Schreiben an den Betriebsratsvorsitzenden bei unzureichender Ladung zu den Betriebsratssitzungen

Muster 27

Vertrauensperson der

– im Hause –

An den Betriebsratsvorsitzenden Herrn _______ der

__________ GmbH im Hause

Musterdorf, den ____________

Ladung der Vertrauensperson zu Ihren Betriebsratssitzungen

Sehr geehrter Herr Kollege _____________,

am ____ haben Sie mir die Einladung zur Betriebsratssitzung am _______ per Email übersandt. Die Einladung enthält keine Tagesordnung.

Ich hatte Sie bereits wiederholt gebeten, mir mit jeder Einladung zur Betriebsratssitzung auch die Tagesordnung mit zu übersenden. Ohne die Vorlage der Tagesordnung ist es mir nicht möglich, mich auf die Betriebsratssitzung vorzubereiten, gegebenenfalls auch zu entscheiden, dass meine Teilnahme nicht erforderlich ist.

Sie sind als Betriebsratsvorsitzender nach § 29 Abs. 2 Satz 3, 4 BetrVG verpflichtet, die Schwerbehindertenvertretung, ebenso wie die Mitglieder des Betriebsrats, rechtzeitig unter Mitteilung der Tagesordnung zu jeder Betriebsratssitzung zu laden. Demnach verstößt Ihre derzeitige Handhabung gegen Ihre Pflichten als Betriebsratsvorsitzender.

Ich darf Sie nun hiermit letztmalig dazu auffordern, mir zukünftig zu jeder Ladung zur Betriebsratssitzung auch die gesamte Tagesordnung beizufügen. Im anderen Falle würde ich mich gezwungen sehen, dieses Recht im arbeitsgerichtlichen Beschlussverfahren klären zu lassen. Ich hoffe nicht, dass es hierzu kommen muss.

Mit freundlichen Grüßen

____

(Vertrauensperson)

Muster 28: Antrag auf Aufnahme einer Angelegenheit in die Tagesordnung der nächsten Betriebsratssitzung gemäß § 178 Abs. 4 Satz 1, 2. Halbsatz SGB IX

An den Betriebsratsvorsitzenden Herrn _______ der
___________ GmbH -im Hause-

Musterdorf, den

Antrag auf Aufnahme eines weiteren Tagesordnungspunkts in die Tagesordnung der Betriebsratssitzung am ________

Lieber Herr Kollege ___________,

ich bitte Sie, in die Tagesordnung der ordentlichen Betriebsratssitzung am _______ noch folgenden Tagesordnungspunkt mit aufzunehmen:

TOP XY

Planung neuer Großraumbüros in der Verwaltung

In meiner Eigenschaft als Vertrauensperson habe ich erfahren, dass die Geschäftsführung für die Verwaltung die Einrichtung zweier neuer Großraumbüros plant. Der Betriebsrat und ich als Vertrauensperson sollten in dieser Sache gemeinsam und frühzeitig beraten, wie wir auf diese Planungen so frühzeitig wie möglich Einfluss nehmen wollen.

Ich danke Ihnen bereits jetzt.

Mit freundlichen Grüßen

____
(Vertrauensperson)

5.2 Die Aussetzung eines Betriebsratsbeschlusses gemäß § 178 Abs. 4 Satz 2, 3 SGB IX

Der Aussetzungsantrag gemäß § 178 Abs. 4 Satz 2 SGB IX ist nach herrschender Meinung an keine Form gebunden.[8] Dies bedeutet, dass er auch mündlich noch während der Betriebsratssitzung gestellt werden kann:

Muster 29: Antrag auf Aussetzung eines Betriebsratsbeschlusses

Muster 29

„Hiermit beantrage ich, den Beschluss des Betriebsrats, der Einstellung des Herrn S als Produktionshelfer zuzustimmen, für die Dauer von einer Woche auszusetzen."

Der Antrag ist in die Sitzungsniederschrift der Betriebsratssitzung gemäß § 34 BetrVG aufzunehmen. Dadurch kann die Schwerbehindertenvertretung diesen Antrag auch jederzeit nachweisen. Nicht immer wird aber eine Sitzungsniederschrift erstellt. Unter Umständen ist diese auch fehlerhaft. Es ist deshalb grundsätzlich von Vorteil, einen solchen nicht formellen Aussetzungsantrag auch in der „Hitze des Gefechts" kurz zu Papier zu bringen.

Problem:
Für das Verfahren nach § 99 BetrVG gelten enge Fristen, auch für den Betriebsrat. Der Betriebsrat kann seine Zustimmung zur Einstellung gemäß § 99 Abs. 3 Satz 1 BetrVG nur innerhalb von einer Woche nach Zugang der Unterrichtung des Arbeitgebers verweigern. Im anderen Falle gilt die Zustimmung des Betriebsrats als erteilt und der Arbeitgeber darf wie beabsichtigt einstellen. Eine Hemmung der Fristen des § 99 BetrVG tritt durch den Aussetzungsantrag nicht ein. Besser ist es deshalb, den Betriebsrat in der über die Beschlussfassung beratenden Sitzung davon zu überzeugen, dass unter Umständen ein schwerbehinderter Bewerber bzw. bei der Agentur für Arbeit gemeldeter schwerbehinderter Bewerber die Stelle eines Produktionshelfers recht gut besetzen könnte. Denn es gehört auch zu den Rechtspflichten des Betriebsrats, die Eingliederung schwerbehinderter Menschen in das Unternehmen zu fördern, § 80 Abs. 1 Nr. 4 BetrVG. Unter Umständen hat der Arbeitgeber auch das Verfahren gemäß § 164 Abs. 1 SGB IX nicht ordnungsgemäß durchgeführt. Auch auf das Widerspruchsrecht des Betriebsrats gemäß § 99 Abs. 2 Nr. 1 BetrVG könnten Sie den Betriebsrat in der Betriebsratssitzung vor Beschlussfassung hinweisen.

[8] **Düwell** § 178 RdNr. 107

Muster 30: Ausführungen der Vertrauensperson in einer Betriebsratssitzung

Muster 30

„Liebe Kollegen und Betriebsratsmitglieder,

der Betriebsrat befasst sich nun mit der Anhörung unseres Arbeitgebers zur Einstellung des Herrn XY als Produktionshelfer. Mir ist deutlich bewusst, wie dringend vor allem für diejenigen Kollegen unter Ihnen, die selbst in der Produktion tätig sind, die Unterstützung unserer dortigen Facharbeiter erforderlich ist. Unsere Facharbeiter sind derzeit ganz erheblich belastet. Ein Produktionshelfer kann für eine erste Entlastung sorgen. Gleichwohl bitte ich Sie darum, vor Beschlussfassung und noch im Rahmen Ihrer Wochenfrist das Gespräch mit dem Arbeitgeber aufzunehmen. An einem solchen Gespräch würde ich mit meinen Fachkenntnissen gerne unterstützend teilnehmen. Gerade die hier ausgeschriebene Stelle eines Produktionshelfers ist hervorragend geeignet für einen schwerbehinderten Bewerber, insbesondere auch bei der Agentur für Arbeit gemeldeten schwerbehinderten Menschen, der beispielsweise erheblich hörgemindert oder auch in seiner Auffassungsgabe eingeschränkt ist. Über die etwaigen Fördermöglichkeiten könnte ich den Arbeitgeber gleichzeitig in einem solchen Gespräch informieren und beraten. Die möglichen Fördermaßnahmen, insbesondere durch das Integrationsamt sind umfangreich und scheinen mir auch für unser Unternehmen attraktiv zu sein. Für ein solches Gespräch würde ich nahezu jederzeit in den kommenden Tagen zur Verfügung stehen.

Ich danke Ihnen für Ihre Aufmerksamkeit und bitte Sie um ein entsprechendes Vorgehen."

Zusätzliche Einfügung – Variante in gegebenen Fällen:

„.....Für ein solches Gespräch würde ich nahezu jederzeit in den kommenden Tagen zur Verfügung stehen. Sollte unser Arbeitgeber nicht zu einem solchen Gespräch bereit sein, unter Umständen auch mit Ihrer kurzen Wochenfrist taktieren wollen, könnte er auf eine unter Umständen erfolgende Ausübung Ihres Widerspruchsrechts gemäß § 99 Abs. 2 Nr. 1 BetrVG in Verbindung mit § 80 Abs. 1 Nr. 4 BetrVG, § 64 Abs. 1 SGB IX hinweisen.

Ich danke Ihnen für Ihre Aufmerksamkeit und bitte Sie um ein entsprechendes Vorgehen."

5.3 Beteiligung der Schwerbehindertenvertretung an den Sitzungen des Wirtschaftsausschusses

Gesetzliche Voraussetzungen

Die Schwerbehindertenvertretung ist gemäß § 178 Abs. 4 SGB IX berechtigt, unter anderem auch an allen Sitzungen der Ausschüsse des Betriebsrats teilzunehmen. Zwischenzeitlich entspricht es herrschender Meinung und der Rechtsprechung des BAG, dass die Schwerbehindertenvertretung auch ein Teilnahmerecht an den Sitzungen des Wirtschaftsausschusses hat. Dies war durchaus zunächst streitig, weil der Wirtschaftsausschuss jedenfalls regelmäßig, wenn er nicht als Ausschuss des Betriebsrats gemäß § 107 Abs. 3 BetrVG gebildet wurde, eben kein reiner Ausschuss des Betriebsrats ist. Da der Wirtschaftsausschuss aber gerade die Aufgabe hat, so frühzeitig wie möglich, sozusagen im Vorfeld vor ausgereiften Planungen des Arbeitgebers mit dem Arbeitgeber vor allem die in § 106 Abs. 3 BetrVG niedergelegten Angelegenheiten zu besprechen, ist es ganz besonders wichtig, dass die Vertrauensperson bereits zu diesem Zeitpunkt die Interessen der schwerbehinderten und gleichgestellten Arbeitnehmer in die Beratungen mit einführt.

Der Wirtschaftsausschuss wird nur für den Fall, dass das Unternehmen aus einem Betrieb besteht durch den Betriebsrat errichtet. Anderenfalls ist dies die Aufgabe des Gesamtbetriebsrats. Dementsprechend hat die Gesamt-SBV auch das Teilnahmerecht gemäß § 52 BetrVG. Gemäß § 180 Abs. 1 Satz 2 SGB IX fungiert die einzige gewählte Schwerbehindertenvertretung im Falle des Bestehens mehrerer Betriebe im Unternehmen auch als Gesamt-SBV.

Muster 31: Schreiben an den Wirtschaftsausschuss zur Geltendmachung des Rechts auf Teilnahme

Muster 31

Die Gesamtschwerbehindertenvertretung

An den Vorsitzenden des Wirtschaftsausschusses
des U Herrn _______

Musterdorf, den ___________

Teilnahme der Gesamt-SBV an den Sitzungen des Wirtschaftsausschusses

Sehr geehrter Herr Kollege _____________,

in meiner Eigenschaft als Gesamt-SBV des U habe ich Sie bereits mehrfach darauf hingewiesen, dass ich ein Recht auf Teilnahme an den Sitzungen des Wirtschaftsausschusses habe. In diesem Zusammenhang hatte ich Ihnen auch jeweils ausführlich erläutert, dass ich insoweit als Gesamt-SBV des U gemäß § 180 Abs. 1 Satz 2 SGB IX fungiere. Ihre Einwände gegen meine Beteiligung, das Teilnahmerecht stehe nur einer Gesamt-SBV zu, verstoßen damit gegen geltendes Recht.

Ich bitte Sie und fordere Sie dazu auf, mich zukünftig in meiner Eigenschaft als Gesamt-SBV zu jeder Sitzung des Wirtschaftsausschusses ordnungsgemäß und rechtzeitig einzuladen. Im anderen Falle sehe ich mich gezwungen, mein Recht auf Beteiligung im arbeitsgerichtlichen Beschlussverfahren feststellen zu lassen.

Mit freundlichen Grüßen

____
Gesamt-SBV des U

5.4 Beteiligung der Schwerbehindertenvertretung an den Sitzungen des Arbeitsschutzausschusses

Gesetzliche Voraussetzungen

Hinsichtlich dieses Teilnahmerechts der Schwerbehindertenvertretung ist wichtig zu wissen, dass es sich auch bei dem Arbeitsschutzausschuss nicht um einen Ausschuss des Betriebsrats, sondern gemäß § 11 ASiG um einen Ausschuss handelt, der durch den Arbeitgeber zu bilden ist:

§ 11 ASiG, Arbeitsschutzausschuss

Soweit in einer sonstigen Rechtsvorschrift nichts anderes bestimmt ist, hat der Arbeitgeber in Betrieben mit mehr als zwanzig Beschäftigten einen Arbeitsschutzausschuss zu bilden; bei der Feststellung der Zahl der Beschäftigten sind Teilzeitbeschäftigte mit einer regelmäßigen wöchentlichen Arbeitszeit von nicht mehr als 20 Stunden mit 0,5 und nicht mehr als 30 Stunden mit 0,75 zu berücksichtigen. Dieser Ausschuss setzt sich zusammen aus:

- *dem Arbeitgeber oder einem von ihm Beauftragten,*
- *zwei vom Betriebsrat bestimmten Betriebsratsmitgliedern,*
- *Betriebsärzten,*
- *Fachkräften für Arbeitssicherheit und*
- *Sicherheitsbeauftragten nach § 22 des Siebten Buches Sozialgesetzbuch.*

Der Arbeitsschutzausschuss hat die Aufgabe, Anliegen des Arbeitsschutzes und der Unfallverhütung zu beraten. Der Arbeitsschutzausschuss tritt mindestens einmal vierteljährlich zusammen.

Der Arbeitgeber hat die staatliche Pflicht, also nicht die betriebliche Pflicht gegenüber dem Betriebsrat oder auch der Vertrauensperson, diesen Ausschuss zu bilden. Dies bedeutet aber gleichzeitig, dass die Vertrauensperson ihr Teilnahmerecht, notfalls auch im Beschlussverfahren, gegenüber dem Arbeitgeber, unter Umständen zunächst auch gegenüber dem Inklusionsbeauftragten geltend machen muss, wenn dieser die Vertrauensperson nicht einlädt.

Muster 32: Schreiben an den Arbeitgeber / Inklusionsbeauftragten zur Geltendmachung der Teilnahme an den Sitzungen des Arbeitsausschusses

Muster 32

Schwerbehindertenvertretung der U GmbH

An die Geschäftsführung /
An den Inklusionsbeauftragten der U GmbH

Musterdorf, den ____________

Teilnahme der Vertrauensperson an den Sitzungen des Arbeitsschutzausschusses

Sehr geehrter Herr ____________,

in meiner Eigenschaft als Vertrauensperson des X-Betriebs der U GmbH ist es besonders wichtig, die Anliegen des Arbeitsschutzes und der Unfallverhütung der von mir vertretenen schwerbehinderten und gleichgestellten Kollegen des U im Arbeitsschutzausschuss anzubringen und Sorge dafür zu tragen, dass bei den Beratungen des Arbeitsausschusses diese Interessen mit berücksichtigt werden. Gerade als Vertrauensperson habe ich besondere Kenntnisse und Informationen zur Bewältigung der Anforderungen, die Maßnahmen des Arbeitsschutzes und der Unfallverhütung auch besonders behinderungsgerecht zu gestalten. Mehrfach hatte ich Sie bereits mündlich auf mein Teilnahmerecht an den Ausschusssitzungen hingewiesen. Gleichwohl wurde dieses nicht beachtet. Ich fordere Sie hiermit nun letztmalig auf diesem Wege auf, mich zukünftig zu allen Sitzungen des Arbeitsschutzausschusses einzuladen.

Ich bitte Sie also, mich zukünftig in meiner Eigenschaft als Vertrauensperson zu jeder Sitzung des Arbeitsschutzausschusses rechtzeitig einzuladen und im Falle der Übersendung einer Tagesordnung oder weiterer Unterlagen vorab, diese Unterlagen auch mir zukommen zu lassen. Im anderen Falle sehe ich mich gezwungen, mein Recht auf Beteiligung im arbeitsgerichtlichen Beschlussverfahren feststellen zu lassen.

Mit freundlichen Grüßen

____

Vertrauensperson der U GmbH

6 Beteiligung der Schwerbehindertenvertretung an den Monatsgesprächen des Betriebsrats bzw. des Personalrats mit dem Arbeitgeber

Die Vertrauensperson hat ein uneingeschränktes Recht, an allen Monatsgesprächen des Betriebs- und Personalrats gemäß § 74 Abs. 1 BetrVG, § 66 Abs. 1 BPersVG mit dem Arbeitgeber teilzunehmen. Problematisch ist, dass einerseits diese Teilnahme an den Monatsgesprächen für die Vertrauensperson von besonderer Bedeutung ist, um über die Planungen des Arbeitgebers frühzeitig informiert zu sein. Andererseits kann sie aber solche Gespräche nicht erzwingen. Ihr Teilnahmerecht besteht nur, wenn solche Gespräche tatsächlich auch durchgeführt werden. Dies ist aber auch dann der Fall, wenn Arbeitgeber und Betriebsrat, unter Umständen auch um die Vertrauensperson auszuschließen, eine andere Art der Monatsgespräche vereinbaren, beispielsweise, dass diese Gespräche nur mit dem bestehenden Betriebsausschuss oder einem anderen Ausschuss des Betriebsrats durchgeführt werden oder gar diese Gespräche nur zwischen Betriebsratsvorsitzendem und seinem Stellvertreter und dem Arbeitgeber durchgeführt werden und die Vertrauensperson außen vor gelassen wird. Denn die Vertrauensperson hat wiederum kein Recht, an nur informellen Gesprächen unter vier oder sechs Augen oder wie auch immer der Teilnehmerkreis gestaltet sein sollte, des Betriebsrats mit dem Arbeitgeber teilzunehmen. Gleichwohl sollte die Vertrauensperson hier nicht allzu schnell aufgeben. Immer dann, wenn offensichtlich ist, dass keine offiziellen Monatsgespräche durchgeführt werden, vielmehr aber regelmäßig informelle Gespräche geführt werden, sollte die Vertrauensperson versuchen, sich einzubringen.

Muster 33: Geltendmachung der Teilnahme der Vertrauensperson an den Monatsgesprächen mit dem Arbeitgeber

Muster 33

Schwerbehindertenvertretung der U GmbH

An den Betriebsratsvorsitzenden des Betriebs B der U GmbH

Musterdorf, den ___________

Teilnahme der Vertrauensperson an den Monatsgesprächen mit dem Arbeitgeber

Sehr geehrter Herr Kollege ___________,

in meiner Eigenschaft als Vertrauensperson ist es erforderlich, dass ich über das gesamte Betriebsgeschehen, insbesondere aber auch über laufende Planungen des Arbeitgebers ebenso frühzeitig informiert werde wie der Betriebsrat. Nur so ist es mir möglich, die von mir vertretenen Arbeitnehmer gut zu betreuen. Darüber hinaus habe ich als Vertrauensperson bekanntlich besondere Kenntnisse und Informationen hinsichtlich der von mir vertretenen Arbeitnehmer, die bei zukünftigen Absichten, Planungen, Projekten etc. eine entscheidende Rolle spielen könnten.

Ich beobachte nunmehr seit mehreren Monaten, dass der Betriebsrat als gesamtes Gremium keine Monatsgespräche mehr gemäß § 74 Abs. 1 BetrVG durchführt. Gleichzeitig beobachte ich aber auch, dass sich eine offensichtlich ausgewählte Zahl von Betriebsratsmitgliedern regelmäßig, nämlich einmal im Monat mit dem Arbeitgeber zu einer Besprechung trifft. Ich schließe daraus, dass es sich nicht mehr um spontane informelle Gespräche mit dem Arbeitgeber, sondern um einen Ersatz für die verpflichtend durchzuführenden Monatsgespräche handelt.

Hiermit fordere ich Sie dazu auf, mich zukünftig zu diesen Gesprächen rechtzeitig einzuladen und mir etwaig von dem Arbeitgeber im Vorfeld zur Vorbereitung übergebene Unterlagen oder erteilte Informationen rechtzeitig ebenfalls zukommen zu lassen. Bitte denken Sie also daran, mich zukünftig zu solchen Gesprächen mit dem Arbeitgeber wie vorstehend verlangt einzuladen.

Sollten Sie nicht bereit sein, mich als Vertrauensperson des Betriebs B in Ihre monatlichen Gespräche mit dem Arbeitgeber einzubeziehen, so werde ich die Rechtslage im arbeitsgerichtlichen Beschlussverfahren feststellen lassen.

Mit freundlichen Grüßen

____

Vertrauensperson der U GmbH

7 Kosten und Sachaufwand der Schwerbehindertenvertretung

Der Arbeitgeber hat gemäß § 179 Abs. 8 Satz 1 1. Halbsatz SGB IX die durch die Tätigkeit der Schwerbehindertenvertretung entstehenden Kosten zu tragen. Die Schwerbehindertenvertretung selbst dürfte nach neuerer Rechtsprechung in dem von ihr verpflichtend durchzuführenden Aufgabenkreis partiell auch rechtsfähig sein, also unter Umständen selbst Verträge abschließen können. Gleichwohl bleibt auch der Arbeitgeber entsprechend der für den Betriebsrat bestehenden parallelen Regelung gemäß § 40 Abs. 1 BetrVG und der hierzu ergangenen Rechtsprechung verpflichtet, durch die Tätigkeit der Vertrauensperson entstehende Kosten zu tragen, soweit diese Kosten **erforderlich** sind. In diesem Rahmen hat dann auch die Schwerbehindertenvertretung einen Freistellungsanspruch gegenüber dem Arbeitgeber. Die Erforderlichkeit anfallender Kosten hat die Vertrauensperson immer sorgfältig im Rahmen eines ihr selbst zustehenden Beurteilungsspielraums zu beurteilen. Insoweit kann die Vertrauensperson davon ausgehen, dass Kosten erforderlich sind, wenn die Vertrauensperson selbst die Kosten nach einer verständigen Abwägung unter Berücksichtigung sowohl der Interessen des Arbeitgebers als auch ihrer eigenen Interessen für die konkrete Sache, für die die Kosten aufgewandt werden, dienlich erachtet und die Vertrauensperson dabei auch die Interessen des Arbeitgebers ausreichend beachtet hat und nach dieser Abwägung die anfallenden Kosten für erforderlich halten durfte. Stehen der Vertrauensperson zur Wahrnehmung oder auch Durchsetzung ihrer Interessen mehrere gleich geeignete Möglichkeiten zur Verfügung, so muss sie im Rahmen ihrer Interessenabwägung die für den Arbeitgeber kostengünstigere Möglichkeit auswählen, siehe hierzu BAG, Urteil vom 14. Dezember 2016 – 7 ABR 8/15 betreffend angefallene Kosten des Betriebsrats. Auch für den öffentlichen Arbeitgeber gilt die Kostenregelung des § 179 Abs. 8 SGB IX als grundlegende Regelung. Allerdings gelten hier auch die Kostenregelungen für Personalvertretungen entsprechend und sind jeweils bei der Feststellung der zu tragenden Kosten als auch bei einer Auslegung der Erforderlichkeit zu beachten.[9] Welche Kosten tatsächlich erforderlich und vertretbar sind, entscheiden Sie als SBV selbstständig und eigenverantwortlich.

[9] Siehe hierzu LAG Berlin 3.11.2022 – 26 TaBV 751/22 zur Erforderlichkeit und Qualifizierung von Büropersonal

Muster 34: Geltendmachung von Fachliteratur

– Schreiben an den Arbeitgeber –

Muster 34

Vertrauensperson des x-Betriebs der XYZ-GmbH
(im Hause)

An die Geschäftsführung/ An den Inklusionsbeauftragten der _______ XYZ-GmbH
(im Hause)

Musterdorf, den _______________

Bestellung von Fachliteratur

Sehr geehrte/r Frau/Herr __________,

durch die nun zwischenzeitlich vollständige Umsetzung des Bundesteilhabegesetzes in das SGB IX haben sich viele Änderungen ergeben, mit welchen nun auch ich als Vertrauensperson umgehen und arbeiten muss. Ich benötige deshalb zur ordnungsgemäßen Durchführung meiner Aufgaben nach dem SGB IX folgende Fachliteratur:

Dau/Düwell/Jousse (Hrsg.) Lehr- und Praxiskommentar zum Sozialgesetzbuch IX, Nomos Verlag, ISBN 978-3-8329-0925-3

Des Weiteren finden zwischenzeitlich Verhandlungen zwischen der Geschäftsführung und dem Betriebsrat über den Abschluss einer Betriebsvereinbarung zum betrieblichen Eingliederungsmanagement statt. Der Betriebsrat hat für die Vorbereitung und Begleitung dieser Verhandlungen einen Ausschuss gebildet. Wegen der großen Bedeutung dieses Themas für die in unserem Betrieb beschäftigten schwerbehinderten und gleichgestellten Kollegen bin ich entschlossen, mein Teilnahmerecht zur Teilnahme an jeder dieser Ausschusssitzungen wahrzunehmen. Damit ich tatsächlich die Interessen der von mir vertretenen Beschäftigten einbringen kann, ist es erforderlich, mich in dieses Thema einzuarbeiten. Ich benötige zur Durchführung dieser Aufgabe deshalb folgende Fachliteratur, die ich natürlich dann auch dem Ausschuss des Betriebsrats jederzeit bei entsprechendem Bedarf zur Verfügung stellen werde:

1. Nitsch-Kirsch: Psychische Erkrankungen im betrieblichen Alltag, Rieder Verlag, ISBN 978-3-939018-56-8
2. Althoff/Frobel/Tinnefeld/de Wall-Kaplan: BEM von A-Z – ein Praxishandbuch, Rieder Verlag, ISBN 978-3-939018-72-8

Ich bitte Sie um eine kurze Mitteilung, ob ich die vorstehend aufgeführte Literatur selbst und direkt mit Rechnungsanschrift der XYZ-GmbH bestellen kann oder ob Sie diese Bestellung für die Schwerbehindertenvertretung übernehmen möchten.

Alternativ, je nach bereits bestehender Verfahrensweise im Betrieb, unter Umständen auch im Umgang mit dem Betriebsrat:

Die vorstehende Literatur habe ich im Buchhandel ______ bestellt. In der Anlage füge ich Ihnen die mir zugegangene Rechnung mit der Bitte um Ausgleich bei.

Für Ihre Bemühungen bedanke ich mich bereits jetzt recht herzlich.

Mit freundlichen Grüßen

____

Vertrauensperson der XYZ-GmbH

7.1 Hinzuziehung eines Rechtsanwalts

Wird eine Rechtsberatung durch einen Rechtsanwalt erforderlich, so hat der Arbeitgeber auch dafür die Kosten zu tragen. Auch hier muss die Vertrauensperson allerdings prüfen, ob sie im Vorfeld alles getan hat, um die Beratung durch einen Rechtsanwalt zu vermeiden. Dies kann beispielsweise auch ein letztes Aufforderungsschreiben an den Arbeitgeber mit einer letzten Fristsetzung und gleichzeitiger Mitteilung sein, dass bei fruchtlosem Verstreichen ein Rechtsanwalt mit der weiteren Durchsetzung der Rechte der Vertrauensperson beauftragt wird. Unter Umständen ist aber auch eine Rechtslage zwischen Arbeitgeber und Vertrauensperson streitig und auch die Vertrauensperson ist nicht sicher, wie sie ihre Rechte am besten durchsetzen kann. Dann kann zunächst auch eine rechtliche Beratung durch einen Rechtsanwalt in Anspruch genommen werden, die dann auch ein anwaltliches Anspruchsschreiben gegen den Arbeitgeber zur Folge haben kann.

Muster 35: Schreiben an den Arbeitgeber zur Hinzuziehung eines Rechtsanwalts

– Schreiben an den Arbeitgeber –

Muster 35

Vertrauensperson der

(im Hause)

An die Geschäftsführung/ den Inklusionsbeauftragten der ______ XYZ-GmbH

(im Hause)

Musterdorf, den__________

Beteiligung an Bewerbungsgesprächen

Sehr geehrte/r Frau/Herr _________,

als Vertrauensperson habe ich gemäß §§ 164 Abs. 1, 178 Abs. 2 Satz 4 SGB IX das Recht an jedem Bewerbungsverfahren beteiligt zu werden, sobald sich in diesem Verfahren auch ein schwerbehinderter Bewerber unter den Bewerbern befindet. In diesem Falle bin ich auch berechtigt, an jedem Vorstellungsgespräch teilzunehmen. Ich hatte Ihnen dies bereits mehrfach mündlich erläutert. In dem derzeit laufenden Bewerbungsverfahren zur Einstellung eines Mitarbeiters in der Produktion bin ich erneut nicht zu allen Vorstellungsgesprächen eingeladen worden, obwohl sich auch ein schwerbehinderter Bewerber unter den Bewerbern befindet.

Ich bitte Sie nun noch einmal eindringlich und fordere Sie dazu auf, mich als Vertrauensperson bei jedem Bewerbungsgespräch zu beteiligen, falls sich auch ein schwerbehinderter oder gleichgestellter Bewerber unter den Bewerbern befindet. Im anderen Falle sehe ich mich gezwungen, rechtliche Hilfe in Anspruch zu nehmen.

Mit freundlichen Grüßen

____

Vertrauensperson der

Bei erneuter Nichtbeachtung kann V gemäß § 179 Abs. 8 Satz 1 SGB IX davon ausgehen, dass es erforderlich ist, einen Rechtsanwalt mit der weiteren Durchsetzung ihrer Interessen zu beauftragen. Die Entscheidung für einen solchen Beratungsauftrag sollte V nachweisbar schriftlich niederlegen:

Muster 36: Beschlussfassung zur Erteilung eines Beratungsauftrags an einen Rechtsanwalt

Muster 36

Meine Beteiligung an Bewerbungsgesprächen

Mehrfach hatte ich erfolglos unserem Geschäftsführer Herrn _______ mündlich mein Recht zur Beteiligung an allen Bewerbungsgesprächen erläutert, sobald sich ein schwerbehinderter Bewerber unter den Bewerbern befindet. Mit einem Schreiben vom _______ an den Geschäftsführer Herrn ________, habe ich Herrn ________ meinen Anspruch auf Beteiligung noch einmal schriftlich erläutert und mitgeteilt, dass ich bei Erfolglosigkeit meiner Bitte rechtliche Hilfe in Anspruch nehmen werde. Auch dieses Schreiben war erfolglos, wie die neueste Beteiligung in dem Bewerbungsverfahren vom _____ zeigt. Ich habe mich deshalb heute entschlossen, den Rechtsanwalt Herrn ________ mit der Durchsetzung meines Beteiligungsrechts an Bewerbungsgesprächen gegenüber dem Arbeitgeber zu beauftragen.

____________, den

____

Muster 37: Schreiben an den Arbeitgeber zur Beauftragung eines Rechtsanwalts zur Durchsetzung des Freizeitausgleichs

Muster 37

Vertrauensperson der
(im Hause)

An die Geschäftsführung/ den Inklusionsbeauftragte der _______ XYZ-GmbH
(im Hause)

Musterdorf, den __________

Anspruch auf Arbeitsbefreiung

Sehr geehrte/r Frau/Herr _________,

meine Arbeitszeiten montags bis freitags zwischen 07.00 Uhr und 13.00 Uhr sind Ihnen bekannt. Entsprechend meiner Pflicht und meines Rechts als Vertrauensperson nehme ich jeden Montag an der turnusmäßig wöchentlich stattfindenden Betriebsratssitzung teil. Ich habe mehrfach mit Ihnen besprochen, dass mir aus meiner Sicht hierfür ein Anspruch auf Freizeitausgleich gemäß § 179 Abs. 6 SGB IX zusteht. Dagegen stehen Sie auf dem Standpunkt, einen Freizeitausgleich während meiner üblichen Arbeitszeit könne ich nicht beanspruchen, wenn Ihnen dies aus betriebsbedingten Gründen nicht möglich sei. Dies sei der Fall, da Ihnen für meine Tätigkeiten im Pflegebereich kein Ersatz zur Verfügung stünde. Ich habe mich nun entschlossen, mich zur Frage der Durchsetzung meines Freistellungsanspruchs rechtlich durch Rechtsanwalt Herrn RA beraten zu lassen und diesen mit der Durchsetzung meiner Interessen zu beauftragen.

Mit freundlichen Grüßen

____

Vertrauensperson der XYZ-GmbH

7.2 Antrag an den Arbeitgeber, der Schwerbehindertenvertretung eine Bürokraft zur Verfügung zu stellen

Nach dem neu in das SGB IX aufgenommenen § 179 Abs. 8 Satz 3 SGB IX hat die Schwerbehindertenvertretung den Anspruch auf eine Bürokraft in erforderlichem Umfang. Zu beachten ist, dass das Gesetz hier der Schwerbehindertenvertretung einen eigenen Anspruch auf eine eigene Bürokraft in erforderlichem Umfang gewährt. Wann eine solche Erforderlichkeit besteht, ist in jedem Betrieb jeweils von der Vertrauensperson zu prüfen und dann dem Arbeitgeber gegenüber zu argumentieren. Darauf achten müssen Sie allerdings, dass es weder erforderlich, noch zulässig ist, auf eine Bürokraft Aufgaben zu übertragen, die zum sachlichen Aufgabenbereich der SBV gehören. Solche Aufgaben müssen Sie selbst erledigen.

Muster 38: Antrag an den Arbeitgeber, der Schwerbehindertenvertretung eine Bürokraft zur Verfügung zu stellen

– Schreiben an den Arbeitgeber –

Muster 38

Vertrauensperson der
(im Hause)

An die Geschäftsführung der ______ XYZ-GmbH
(im Hause)

Musterdorf, den ____________

Antrag auf Überlassung einer Bürokraft für 8 Stunden in der Woche

Sehr geehrte/r Frau/Herr _________,

unser Betrieb beschäftigt zurzeit bekanntlich 65 schwerbehinderte und gleichgestellte Kollegen. Als Vertrauensperson bin ich nicht freigestellt. Gleichwohl ist der zeitliche Aufwand für die Betreuung unserer schwerbehinderten und gleichgestellten Kollegen ganz erheblich. So bin ich regelmäßig montags zunächst in der wöchentlichen Sprechstunde und danach noch mit Einzelanfragen für fünf Stunden als Vertrauensperson tätig. Dienstags, mittwochs und donnerstags bin ich neben meinen weiteren Aufgaben und der Wahrnehmung von Terminen, insbesondere Sitzungsterminen des Betriebsrats und verschiedener Ausschüsse sowie Terminen mit Dritten, insbesondere dem Integrationsamt, regelmäßig für zwei bis drei Stunden mit der Endfertigung von Anträgen, Bearbeitung der Post, insbesondere des Integrationsamts, Ordnung meines Schwerbehindertenbüros, insbesondere Eintragung von Terminen und Fristen, beschäftigt. Freitags bemühe ich mich dann, je nach konkretem Aufgabenanfall um die Klärung der anstehenden Sachfragen.

Nach meinen Berechnungen fallen demnach wöchentlich mindestens acht Stunden, üblicherweise eher mehr, für Bürotätigkeiten an. Dies sind vor allem:

- Organisation des Büros der SBV;
- Organisation und Vereinbarung von Terminen;
- Vorabbearbeitung der Post;
- allgemeine Schreibtätigkeiten.

Demgemäß fällt es mir schwer, meine arbeitsvertraglichen Verpflichtungen zeitgemäß zu erfüllen. Gleichzeitig besteht in unserem Betrieb die Situation, dass sich einige Abteilungsleiter verschiedene Büro- und Schreibkräfte untereinander aufteilen. Unter Abwägung aller Interessen halte ich es deshalb für interessengerecht, auch der Schwerbehindertenvertretung eine anteilige Bürokraft zu überlassen.

Ich bitte Sie deshalb und beantrage hiermit, mir eine Bürokraft für zunächst acht Stunden in der Woche, nach Möglichkeit an den Tagen Dienstag, Mittwoch und Donnerstag zur Verfügung zu stellen.

Für weitere Fragen und Absprachen hierzu stehe ich Ihnen jederzeit sehr gerne zur Verfügung.

Mit freundlichen Grüßen

____
Vertrauensperson der XYZ-GmbH

7.3. Antrag an den Arbeitgeber zur Übernahme der Kosten für eine Schulung

Die Vertrauensperson, ihr erster Stellvertreter sowie jeder weitere, gemäß § 178 Abs. 1 Satz 5 SGB IX herangezogene Stellvertreter haben gemäß § 179 Abs. 4 Satz 3 SGB IX einen Anspruch auf die Teilnahme an Schulungsveranstaltungen, die für ihre Arbeit in der Schwerbehindertenvertretung erforderlich sind. Darüber hinaus haben sie einen Anspruch auf Übernahme aller erforderlichen Kosten, die durch die Schulungsteilnahme entstehen gemäß § 179 Abs. 8 Satz 2 SGB IX.

Muster 39: Antrag an den Arbeitgeber zur Übernahme der Kosten für eine Schulung

– Schreiben an den Arbeitgeber zur Beantragung der Zustimmung zu einer Grundlagenschulung –

Muster 39

Vertrauensperson der
(im Hause)

An die Geschäftsführung der _______ XYZ-GmbH
(im Hause)

Musterdorf, den _____________

Antrag auf Zustimmung zum Besuch einer Grundlagenschulung vom ______ bis zum _______ in _________
bei dem Anbieter ___________

Sehr geehrte/r Frau/Herr __________,

bereits am _____________ wurde ich von unseren schwerbehinderten und diesen gleichgestellten Kollegen zur Vertrauensperson unseres Betriebs gewählt. Zuvor war ich bereits seit zwei Wahlperioden als Betriebsratsmitglied ehrenamtlich tätig. Als Betriebsratsmitglied habe ich die für meine Arbeit im Betriebsrat erforderlichen Grundlagenschulungen besucht. Diese hatten jedoch meine nun mir übertragenen umfangreichen Aufgaben als Vertrauensperson nicht zum Inhalt. Als Vertrauensperson bin ich gemäß § 178 Abs. 1 SGB IX zu einer ständigen Förderung der Eingliederung schwerbehinderter und gleichgestellter Menschen in unseren Betrieb sowie zur ständigen Beratung und Hilfe der in unserem Betrieb beschäftigten schwerbehinderten und gleichgestellten Menschen verpflichtet. Hinzu treten vor allem auch nach Inkrafttreten des BTHG viele durch das SGB IX geregelte besonderen Rechte und Pflichten, die ich gegenüber einzelnen schwerbehinderten und gleichgestellten Beschäftigten unseres Betriebs sowie der Gruppe aller schwerbehinderten und gleichgestellten Beschäftigten unseres Betriebs zu erfüllen habe. Es handelt sich um andere Aufgaben, als diejenigen eines Betriebsratsmitglieds. Aus diesem Grunde ist der Besuch von speziellen Grundlagenschulungen für die Vertrauensperson erforderlich.

Bei der Auswahl der Schulung habe ich die wechselseitigen Interessen, insbesondere auch Ihr Kosteninteresse unter gleichzeitiger Abwägung der zeitlichen Möglichkeiten ohne größere Gefährdung des Betriebsablaufs sorgfältig berücksichtigt. Die Schulung des Veranstalters _____________ überzeugt durch ihren in dem angefügten Themenplan dargestellten strukturierten Aufbau und die fachliche Erfahrung der Referenten und befindet sich im preislichen Durchschnitt der vergleichbaren Anbieter. Wegen der zeitlichen Möglichkeiten und anstehender wichtiger betrieblicher Aufgaben bietet sich die Schulung vom ________ bis zum _________ besonders an, obwohl der Schulungsort weiter entfernt ist als andere Schulungsorte, die für die gleiche Schulung des Anbieters __________ zur Verfügung stehen.

Ich bitte Sie aus den vorstehenden Gründen um Zustimmung zu dem Schulungsbesuch vom ________ bis __________ in _______ mit dem Thema ___________ bei dem Anbieter _________. Den genauen Themenplan zu dieser Schulung füge ich Ihnen in der Anlage in Kopie bei. Da der Arbeitgeber gemäß § 179 Abs. 8 Satz 2 SGB IX die durch die vorstehende wie dargelegt erforderliche Schulung entstehenden Kosten zu tragen hat, bitte ich um entsprechende Freistellung und füge die Belege für die voraussichtlich anfallenden Kosten in Kopie bei.

Mit freundlichen Grüßen

____

Vertrauensperson

Muster 40: Antrag an den Arbeitgeber zum Besuch einer speziellen Schulung

Muster 40

Vertrauensperson der
(im Hause)

An die Geschäftsführung der _______ GmbH
(im Hause)

Musterdorf, den __________

Antrag auf Zustimmung zum Besuch einer Schulung vom ______ bis zum _______ in _________
bei dem Anbieter ___________

Sehr geehrte/r Frau/Herr __________,

in der Betriebsversammlung vom _______ hat die Geschäftsführung unseres Unternehmens mitgeteilt, dass unser Betrieb im Laufe des kommenden Jahres mit dem A-Betrieb zusammengelegt werden soll und Kündigungen in größerem Ausmaß erforderlich seien. Daraus folgt, dass Verhandlungen über die Vereinbarung eines Interessenausgleichs und Sozialplans erforderlich werden.

Richtig ist zwar, dass alle Mitarbeiter gleichermaßen von der geplanten Zusammenlegung betroffen sind. Zu beachten ist aber, dass bei der Frage der Gestaltung der zusammenzulegenden Arbeitsplätze wegen der hier bestehenden besonderen Belange der schwerbehinderten und gleichgestellten Beschäftigten diese Gruppe besonders betroffen ist. Darüber hinaus muss auch damit gerechnet werden, dass Arbeitsplätze von schwerbehinderten und gleichgestellten Beschäftigten wegfallen werden, so dass auch an dieser Stelle konkrete Interessen zu vertreten sind. Nach allem ist es auch für die Schwerbehindertenvertretung von erheblicher Bedeutung und damit erforderlich, die Abläufe und Verhandlungsmöglichkeiten im Rahmen eines Interessenausgleichsverfahrens und von Sozialplanverhandlungen zu kennen, unabhängig von der Anzahl der betroffenen schwerbehinderten und gleichgestellten Mitarbeiter. In jedem Falle habe ich als Vertrauensperson einen Anspruch auf Teilnahme an allen zur Vorbereitung von Interessenausgleich und Sozialplan abzuhaltenden Betriebsrats- und etwaigen Ausschusssitzungen, in welchen ich dann die Interessen der von mir vertretenen schwerbehinderten und gleichgestellten Beschäftigten unseres Betriebs zu vertreten habe. Ich bitte Sie deshalb um Zustimmung zu dem Ihnen bereits mitgeteilten Schulungsbesuch vom ________ bis __________ in ________ mit dem Thema __________. Den genauen Themenplan zu dieser Schulung füge ich Ihnen in der Anlage bei. Da der Arbeitgeber gemäß § 179 Abs. 8 Satz 2 SGB IX die durch die vorstehende wie dargelegt erforderliche Schulung entstehenden Kosten zu tragen hat, bitte ich um entsprechende Freistellung und füge die Belege für die voraussichtlich anfallenden Kosten in Kopie bei.

Mit freundlichen Grüßen

____

Vertrauensperson

8 Unterstützung eines von Mobbing und Benachteiligung betroffenen schwerbehinderten oder gleichgestellten Arbeitnehmers

Gesetzliche Voraussetzungen

Mobbing im Rechtssinne liegt nur vor, wenn ein Gesamtverhalten eines Vorgesetzten oder anderen Mitarbeiters als eine einheitliche Rechtsverletzung anzusehen ist und dazu führt, dass der betroffene Arbeitnehmer einen Schaden, meist Gesundheitsschaden oder Beschädigung seines Persönlichkeitsrechts erleidet. Regelmäßig ist dann zu prüfen, ob die Verletzung arbeitsrechtlicher Pflichten zur Beschädigung eines Rechts des Arbeitnehmers oder einem Schaden gemäß § 823 BGB oder § 826 BGB geführt und die Beschädigung oder den Schaden verursacht hat.[10]

Muster 41: Schreiben an den Arbeitgeber wegen Fehlverhaltens eines Vorgesetzten – Mobbing und Benachteiligung

Muster 41

Vertrauensperson der
(im Hause)

An die Geschäftsführung der ______ XYZ-GmbH
(im Hause)

Musterdorf, den __________

Fortgesetztes Fehlverhalten des Vorgesetzten V gegen die schwerbehinderte Mitarbeiterin Frau M

Sehr geehrte/r Frau/Herr _________,

nach einem ausführlichen Gespräch mit der schwerbehinderten Kollegin Frau M bitte ich Sie aus folgendem Grund um ein gemeinsames Gespräch zusammen mit Frau M:

Frau M informierte mich darüber, dass sie mindestens in den vergangenen sechs Monaten immer wieder und damit fortgesetzt von ihrem Vorgesetzten Herrn V benachteiligt und zum Teil in ihren Rechten verletzt wurde. Unter Berücksichtigung meiner diesbezüglichen Erfahrungen mit solchen Vorgängen befürchte ich, dass ein ernsthaftes Problem für Frau M, aber auch den Arbeitgeber, der für seine Vorgesetzten haftet, entstehen könnte, eventuell auch bereits entstanden ist. Dieses Problem muss gelöst werden. So berichtete mir Frau M beispielsweise, dass der Umgang des Herrn V mit ihr, vor allem im gemeinsamen Team, herablassend und verletzend sei. Des Weiteren wurden Frau M nachweislich erheblich häufiger als vergleichbaren Kollegen unbeliebte Arbeitszeiten zugeteilt, insbesondere kurzfristige Krankheitsvertretungen oder auch Dienste am Samstag.

Alle Einzelheiten sollten wir zusammen mit Frau M im gemeinsamen Gespräch besprechen, um danach die weitere Vorgehensweise zu überlegen und nach Möglichkeit eine Eskalation der Angelegenheit zu vermeiden.

Mit freundlichen Grüßen

____
Vertrauensperson

---

10 **BAG** 25.10.2007 – 8 AZR 593/06

Anmerkung:

Zur Unterstützung hilfreich ist es, wenn bereits in einem solchen ersten gemeinsamen Gespräch ein ein- bis zweiwöchiges Tagebuch vorgelegte werden kann, um die vorgetragenen Behandlungen nachweisen zu können. Wichtigste Funktion des Mobbing-Tagebuchs ist sicherlich die Nachweisfunktion. Gleichzeitig kann mit einem solchen Tagebuch aber auch aufgezeigt werden, dass es sich bei den einzelnen dargestellten Verhaltensweisen um ein einheitliches Gesamtverhalten handelt, das letztendlich erst zu einer Rechtsverletzung führt, die auch als Mobbing bezeichnet werden kann.

Muster 42: Aufbau eines Mobbing-Tagebuchs einer Verwaltungsangestellten

Muster 42

Berichteter Zeitraum:
Montag, den 17. Februar 2020 bis zum Sonntag, dem 1. März 2020

Tagesberichte:

Montag, 17. Februar 2020

Arbeitszeit: 09.00 Uhr bis 17.30; Mittagspause von 13.30 Uhr bis 14.00 Uhr

Übertragene Aufgaben:
09.00 Uhr bis 13.30: Anweisung durch Vorgesetzten Herrn V, drei Schreiben nach den von ihm gefertigten Entwürfen endgültig zur Unterschrift fertigzustellen. Herr B teilte dabei mit, dass er keine weiteren Fragen zu seinen Entwürfen wünsche, sondern voraussetze, dass ich ebenso wie alle anderen Kollegen die Fähigkeit besitze, etwaig aufkommende Fragen selbst zu beantworten.

Hinweis wegen zu beachtender Ausschlussfrist:
BAG 18.05.2017 – 8 AZR 74/16:

Für den Beginn der Frist des § 15 Abs. 4 AGG kommt es in den Fällen, in denen das Schadensersatz- und/oder Entschädigungsverlangen auf eine verbotene Benachteiligung nach dem AGG in Form der Belästigung i.S.v. § 3 Abs. 3 AGG gestützt wird, wegen des typischerweise prozesshaften Charakters der Belästigung auf den Abschluss des letzten von der klagenden Partei geschilderten Vorfalls an. Dieser Zeitpunkt entspricht dem Zeitpunkt, zu dem regelmäßig Ausschlussfristen für einen auf „Mobbing" gestützten Schadensersatz- bzw. Entschädigungsanspruch zu laufen beginnen.

9 Präventionsverfahren nach § 167 SGB IX

Durchführung eines Präventionsverfahrens nach § 167 Abs. 1 SGB IX

Das SGB IX stellt gleich zwei unterschiedliche Präventionsverfahren für die betriebliche Praxis zur Verfügung.

Das Präventionsverfahren nach § 167 Abs. 1 SGB IX ist ein speziell und ausschließlich bei der Betroffenheit von schwerbehinderten oder gleichgestellten Arbeitnehmern und Beschäftigten anwendbares Verfahren. Ziel dieses Verfahrens ist es, möglichst frühzeitig alle denkbaren Schwierigkeiten im Rahmen eines Arbeits- oder Beschäftigungsverhältnisses eines schwerbehinderten oder gleichgestellten Arbeitnehmers oder Beschäftigten anzusprechen und nach Lösungsmöglichkeiten zu suchen. Dadurch soll ein Beitrag zur Verwirklichung eines der Hauptziele des SGB IX geleistet werden, Arbeits- und Beschäftigungsverhältnisse schwerbehinderter und gleichgestellter Menschen sollen möglichst dauerhaft erhalten bleiben.

§ 167 Abs. 1 SGB IX:

„Der Arbeitgeber schaltet bei Eintreten von personen-, verhaltens- oder betriebsbedingten Schwierigkeiten im Arbeits- oder sonstigen Beschäftigungsverhältnis, die zur Gefährdung dieses Verhältnisses führen können, möglichst frühzeitig die Schwerbehindertenvertretung und die in § 176 genannten Vertretungen sowie das Integrationsamt ein, um mit ihnen alle Möglichkeiten und alle zur Verfügung stehenden Hilfen zur Beratung und mögliche finanzielle Leistungen zu erörtern, mit denen die Schwierigkeiten beseitigt werden können und das Arbeits- oder sonstige Beschäftigungsverhältnis möglichst dauerhaft fortgesetzt werden kann.“

Das Präventionsverfahren soll dazu beitragen, die durch den Arbeitgeber festgestellten Schwierigkeiten zu besprechen und gemeinsam mit dem Betroffenen Lösungsmöglichkeiten zu suchen. Ebenso wie das BEM gemäß § 167 Abs. 2 SGB IX ist die Durchführung des Verfahrens nach § 167 Abs. 1 SGB IX keine Anspruchsvoraussetzung, die erfüllt sein müsste, bevor eine Kündigung ausgesprochen werden kann. Die Unterlassung dieses Verfahrens ist keine Wirksamkeitsvoraussetzung einer Kündigung, sondern bei der Prüfung der Verhältnismäßigkeit einer Kündigung zu bewerten. Kann davon ausgegangen werden, dass in einem rechtzeitig durchgeführten Präventionsverfahren Lösungsmöglichkeiten für die Schwierigkeiten im Arbeits- oder Beschäftigungsverhältnis hätten gefunden werden können, so ist eine Kündigung regelmäßig unverhältnismäßig. Dies gilt gleichermaßen, wenn das Verfahren nach § 167 Abs. 1 SGB IX nicht entsprechend der dort zur Verfügung gestellten Instrumentarien durchgeführt wird.

Immer wieder wird auch problematisiert, ob das Integrationsamt einer beabsichtigten Kündigung zustimmen darf, wenn das Verfahren nach § 167 Abs. 1 gar nicht oder nicht unter seiner Hinzuziehung durchgeführt wird. Auch hier wird man nach hier vertretener Ansicht davon ausgehen müssen, dass dies eine Frage des Einzelfalls ist, also der Wertung des Integrationsamts im Rahmen des Zustimmungsverfahrens zu überlassen ist.

Die Schwerbehindertenvertretung sollte sich jedenfalls immer um die Durchführung eines Präventionsverfahrens nach § 167 Abs. 1 SGB IX bemühen, wenn sie von personen- verhaltens- oder betriebsbedingten Schwierigkeiten in einem Arbeits- oder Beschäftigungsverhältnis eines schwerbehinderten oder gleichgestellten Menschen erfährt. Je frühzeitiger nach Lösungen gesucht wird, je erfolgversprechender ist dieses Verfahren. Dies allerdings jedenfalls im Regelfall nicht ohne Absprache mit dem betroffenen Beschäftigten. Als Vertrauensperson obliegt es Ihnen besonders, den Betroffenen hinzuzuziehen. Denn anders als die Durchführung des BEM, die die Zustimmung des Beschäftigten erfordert, hängt die Durchführung des Präventionsverfahrens nach § 167 Abs. 1 SGB IX nicht von einer Zustimmung des betroffenen Beschäftigten ab.

Muster 43: Gestaltung eines Präventionsverfahrens nach § 167 Abs. 1 SGB IX

Muster 43

Das nachstehende Verfahrensmuster kann beispielsweise in einer Inklusionsvereinbarung als verbindlich durchzuführendes Verfahren vereinbart werden:

1. Stellt ein Vorgesetzter oder der Arbeitgeber selbst personen-, verhaltens- oder betriebsbedingte Schwierigkeiten in einem Arbeits- oder sonstigen Beschäftigungsverhältnis eines schwerbehinderten oder gleichgestellten Arbeitnehmers oder Beschäftigten dieses Betriebs fest, so wird die Vertrauensperson innerhalb eines Zeitraums von einer Woche nach Feststellung von dieser Feststellung unterrichtet. Diese Unterrichtung kann in Textform oder aber auch persönlich oder im Rahmen eines Telefonats erfolgen.

2. Unmittelbar nach ihrer Information, spätestens aber innerhalb einer Woche nach Zugang der Information, unterrichtet die Vertrauensperson den Betroffenen von den durch den Arbeitgeber festgestellten Schwierigkeiten.

3. Vertrauensperson, Betroffener und Arbeitgeber führen ein gemeinsames erstes Gespräch innerhalb der nächsten vierzehn Tage nach erster Unterrichtung der Vertrauensperson. Sollten mit diesem Gespräch die angeführten Probleme einer Lösung nicht zugeführt werden können, werden der Betriebs- bzw. Personalrat durch den Arbeitgeber innerhalb einer Frist von einer weiteren Woche nach Durchführung dieses Gesprächs in Textform informiert. Alle Betriebsparteien vereinbaren einen Termin für ein gemeinsames klärendes Gespräch unter Unterrichtung und Hinzuziehung des zuständigen Integrationsamts. Dieses Gespräch hat nach Möglichkeit innerhalb von vier Wochen nach Unterrichtung des Integrationsamts statt zu finden. Unter Nutzung des Sachverstands des Integrationsamts werden im Rahmen des gemeinsamen Gesprächs alle Möglichkeiten erörtert, um gegebenenfalls durch innerbetriebliche Hilfen, unter Umständen auch durch Hilfen finanzieller oder anderer Art des Integrationsamts das Arbeits- oder Beschäftigungsverhältnis möglichst dauerhaft fortführen zu können.

4. Die in dem gemeinsamen Gespräch gemäß Ziffer 3 Satz 3 – 5 gefundenen Lösungen werden in einem von der Vertrauensperson zu erstellenden und von allen Beteiligten zu genehmigenden Protokoll schriftlich niedergelegt.

Muster 44: Aufforderungsschreiben nach unterlassenem Präventionsverfahren gemäß § 167 Abs. 1 SGB IX

Muster 44

Vertrauensperson des x-Betriebs der XYZ-GmbH
(im Hause)

An die Geschäftsführung/ An den Inklusionsbeauftragten der _______ XYZ-GmbH
(im Hause)

Musterdorf, den ________

Arbeitsverhältnis des Produktionsfacharbeiters Herrn XY

Sehr geehrte/r Frau/Herr __________,

der schwerbehinderte Kollege Herr XY informierte mich als Vertrauensperson darüber, dass er eine Verwarnung von seinem unmittelbaren Vorgesetzten, dem Abteilungsleiter A erhalten habe. Hintergrund dieser Verwarnung ist der Umstand, dass Herr XY seine Tätigkeit in der Produktion regelmäßig nicht nur während der offiziellen Frühstücks- und Mittagspausen, sondern auch weiterhin zu häufig unterbreche und dadurch die Quantität seiner Arbeitsleistung im unmittelbaren Vergleich mit allen anderen Kollegen weit unter dem Durchschnitt liege.

Unabhängig von der Klärung der Ursachen der Unterbrechungen der Arbeitstätigkeit des Herrn XY hätte ich von dem vorstehenden Sachverhalt informiert werden müssen und hätte vor Ausspruch der Verwarnung ein innerbetriebliches Präventionsverfahren gemäß § 167 Abs. 1 SGB IX durchgeführt werden müssen.

Ich fordere Sie hiermit dazu auf, die Hintergründe der vorstehend dargestellten Schwierigkeiten unverzüglich im Rahmen eines innerbetrieblichen Präventionsverfahrens nach § 167 Abs. 1 SGB IX aufzuklären und nach Möglichkeiten zu suchen, diese Schwierigkeiten zu beseitigen. Dabei bin ich als Vertrauensperson und sind der Betriebsrat und das Integrationsamt hinzuzuziehen.

Mit freundlichen Grüßen

____
Vertrauensperson

Durchführung eines BEM nach § 167 Abs. 2 SGB IX

Das betriebliche Eingliederungsmanagement (BEM) ist für alle Beschäftigten anzuwenden, die innerhalb von zwölf Kalendermonaten länger als sechs Wochen ununterbrochen oder wiederholt arbeitsunfähig sind. Ziel des BEM ist jedenfalls nicht alleine die Vermeidung einer personenbedingten Kündigung wegen Krankheit. Darüber hinaus soll das BEM vor allem zu einer aktiven Beschäftigung des betroffenen Mitarbeiters, demnach zu einer für alle Beteiligten bestmöglichen Inklusion seiner fachlichen Fähigkeiten in den Betriebsablauf führen. Das BEM darf nur durchgeführt werden, wenn der betroffene Beschäftigte der Durchführung zustimmt.

Schwierig ist die Abgrenzung des Präventionsverfahrens gemäß § 167 Abs. 1 SGB IX von dem in § 167 Abs. 2 SGB IX geregelten BEM, wenn ein schwerbehinderter Mensch betroffen ist, der Krankheitszeiten von länger als sechs Wochen hat. Ziel des Präventionsverfahrens nach § 167 Abs. 1 SGB IX ist die Vermeidung einer Gefährdung des Beschäftigungsverhältnisses, insbesondere also einer Kündigung, unabhängig davon, ob es sich um personenbezogene, verhaltensbedingte oder betriebsbedingte Schwierigkeiten handelt. Das BEM gemäß § 167 Abs. 2 SGB IX ist zwar auch ein Präventionsverfahren, es gilt aber ausschließlich der Überwindung von Arbeitsunfähigkeit, oft bzw. regelmäßig auch bei Fortbestehen der Krankheit und der Vorbeugung erneuter Arbeitsunfähigkeit. Bei dem BEM steht vor allem die Ermöglichung und Erhaltung der aktiven Beschäftigung des Arbeitnehmers im Vordergrund. Zweck der Regelung ist es, durch die gemeinsame Anstrengung aller in § 167 Abs. 2 SGB IX genannten Beteiligten mit dem BEM ein Verfahren zu schaffen, das durch geeignete Gesundheitsprävention das Arbeitsverhältnis möglichst dauerhaft sichert. Viele Abgänge in die Arbeitslosigkeit gerade auch von behinderten Beschäftigten erfolgen aus Gründen ihrer Arbeitsunfähigkeit, obwohl arbeitsplatzsichernde Hilfen der Integrationsämter unter Umständen hätten in Anspruch genommen werden können, so dass das Arbeitsverhältnis hätte fortgesetzt werden können. Dabei ist bei Beginn eines BEM zunächst unklar, ob dieses auf eine Versetzung auf einen anderen Arbeitsplatz hinausläuft oder ob es ausreicht, den Arbeitsplatz selbst umzugestalten. Das BEM ist ein ergebnisoffenes Verfahren. Darüber hinaus hat es auch den Zweck, Vorsorge zu treffen, dass sich gesundheitliche Probleme nicht zu einer Behinderung verfestigen. Daraus folgt, dass Überschneidungen zwischen dem Präventionsverfahren nach § 167 Abs. 1 SGB IX und dem BEM gemäß § 167 Abs. 2 SGB IX nur im Bereich von krankheitsbedingt in der Person des Arbeitnehmers begründeten Schwierigkeiten denkbar sind. Das BEM hat immer dann einzusetzen, wenn Beschäftigte innerhalb von zwölf Kalendermonaten länger als sechs Wochen entweder ununterbrochen oder aber mit Unterbrechungen arbeitsunfähig sind. Ist dies der Fall, so ist das BEM auch das speziellere Verfahren und es muss kein Präventionsverfahren gemäß § 167 Abs. 1 SGB IX durchgeführt werden.[11]

Zu beachten ist immer und sollte gerade von der Vertrauensperson dem Betroffenen deutlich kommuniziert werden, dass der Arbeitgeber nicht verpflichtet ist, im BEM gefundene Lösungsmöglichkeiten auch umzusetzen. Die Überzeugung des Arbeitgebers, dass eine solche Umsetzung sinnvoll und vor allem auch wirtschaftlich für das Unternehmen vorteilhaft ist, ist eine besonders wichtige Aufgabe unter anderem auch der Vertrauensperson. Von besonderem Vorteil ist es für alle Betroffenen, wenn mit dem Arbeitgeber im Rahmen einer Betriebsvereinbarung neben dem Verfahren des BEM auch die Umsetzung der gefundenen Lösungsmöglichkeiten vereinbart werden kann. Zu einer solchen Vereinbarung ist der Arbeitgeber nicht verpflichtet.

[11] **Düwell** in Düwell/Dau/Joussen § 167 Rd. 88

Muster 45: BEM-Verfahren in der Form einer Betriebsvereinbarung

Muster 45

„Betriebsvereinbarung zur Durchführung eines betrieblichen Eingliederungsmanagements (BEM)“:

Ablauf des betrieblichen Eingliederungsmanagement – BEM

(1) Nachdem ein Mitarbeiter die Voraussetzungen des § 167 Abs. 2 Satz 1 SGB IX erfüllt (‚BEM-Berechtigter'), wird der BEM-Berechtigte von dem Arbeitgeber mit den im **Anlagenkonvolut 1** beigefügten Schreiben zur Teilnahme an einem Informationsgespräch über das BEM eingeladen. Dabei wird ausdrücklich auf die Freiwilligkeit der Teilnahme des BEM-Berechtigten an einem BEM und seine für die Durchführung des BEM erforderliche ausdrückliche Zustimmung zum BEM hingewiesen.

(2) Der BEM-Berechtigte hat dem Arbeitgeber mittels des als **Anlage 2** beigefügten Schreibens mitzuteilen, ob er an einem BEM teilnehmen möchte. Meldet sich der BEM-Berechtigte nicht bei dem Arbeitgeber, lädt der Arbeitgeber den BEM-Berechtigten mit dem als **Anlage 3** beigefügten Schreiben einmal erneut ein.

(3) Teilt der BEM-Berechtigte dem Arbeitgeber auf dem Antwortschreiben (Anlage 2) mit, dass er an einem Informationsgespräch über die Durchführung eines BEM teilnehmen möchte, wird er von dem Arbeitgeber mit dem als **Anlage 4** beigefügten Schreiben zu einem Informationsgespräch eingeladen. Erscheint der BEM-Berechtigte zu dem Informationsgespräch nicht, wird er mit dem als **Anlage 5** beigefügten Schreiben einmal erneut zu einem Informationsgespräch eingeladen.

(4) In dem Informationsgespräch wird der BEM-Berechtigte nach Maßgabe des als **Anlage 6** beigefügten Leitfadens über die Durchführung des BEM aufgeklärt. Der BEM-Berechtigte wird darüber informiert, dass mit seinem Einverständnis der Betriebsrat und, im Falle eines schwerbehinderten oder gleichgestellten BEM-Berechtigten, die Schwerbehindertenvertretung am BEM-Fallgespräch teilnehmen kann. Wünscht der BEM-Berechtigte die Teilnahme des Betriebsrats bzw. der Schwerbehindertenvertretung (im Falle der Schwerbehinderung bzw. der Gleichstellung des BEM-Berechtigten), stimmt der Arbeitgeber mit dem Betriebsrat und / oder der Schwerbehindertenvertretung einen Termin für das BEM-Fallgespräch ab.

(5) Teilt der BEM-Berechtigte dem Arbeitgeber in dem Antwortschreiben (Anlage 2) mit, dass er ein BEM-Gespräch ohne vorheriges Informationsgespräch wünscht oder stellt sich im Rahmen des Informationsgesprächs heraus, dass ein BEM erforderlich ist, wird der BEM-Berechtigte zu einem BEM-Fallgespräch eingeladen. Der BEM-Berechtigte wird im Rahmen dieser Einladung darüber informiert, dass mit seinem Einverständnis der Betriebsrat und/ oder im Falle eines schwerbehinderten oder gleichgestellten BEM-Berechtigten, auch die Schwerbehindertenvertretung am BEM-Fallgespräch teilnehmen kann, soweit diese Information noch nicht erfolgt ist, weil der BEM-Berechtigte das Informationsgespräch nicht gewünscht hatte. Wünscht der BEM-Berechtigte die Teilnahme des Betriebsrats und/ oder der Schwerbehindertenvertretung (im Falle der Schwerbehinderung bzw. der Gleichstellung des BEM-Berechtigten), stimmt der Arbeitgeber mit dem Betriebsrat und / oder der Schwerbehindertenvertretung einen Termin für das BEM-Fallgespräch ab.

Die Einladung erfolgt mit dem als **Anlage 7** beigefügten Schreiben. Erscheint der BEM-Berechtigte trotz Einladung zu dem BEM-Fallgespräch nicht, wird er mit dem als **Anlage 8** beigefügten Schreiben einmal erneut zu einem BEM-Fallgespräch eingeladen.

(6) Im Rahmen des BEM-Fallgesprächs klärt der Arbeitgeber mit dem BEM-Berechtigten und ggfs. bei Einverständnis des BEM-Berechtigten mit dem Betriebsrat und im Falle eines

schwerbehinderten oder gleichgestellten BEM-Berechtigten der Schwerbehindertenvertretung Möglichkeiten, wie die Arbeitsunfähigkeit möglichst überwunden werden und mit welchen Leistungen oder Hilfen erneuter Arbeitsunfähigkeit vorgebeugt und der Arbeitsplatz erhalten werden kann. Hierbei kann es erforderlich sein, dass der Arbeitgeber den BEM-Berechtigten bittet, eines oder mehrere der im **Anlagenkonvolut 9** erhaltenen Dokumente zu unterzeichnen. Die Ergebnisse des BEM-Fallgesprächs werden in dem als **Anlage 10** beigefügten Protokoll dokumentiert und gemeinsam mit sämtlicher Korrespondenz zum BEM für drei Jahre in einer gesonderten Personalakte (‚BEM-Akte') aufbewahrt. Diagnosen und sonstige Unterlagen, aus denen sich Einzelheiten zu den Gründen der Arbeitsunfähigkeit des BEM-Berechtigten finden, werden in einem verschlossenen Umschlag aufbewahrt, der nur mit Zustimmung des BEM-Berechtigten geöffnet werden darf. Nach Ablauf der drei Jahre werden die Unterlagen vernichtet oder auf Wunsch des Mitarbeiters an diesen übergeben. BEM-Berechtigter und Arbeitgeber können einvernehmlich das BEM beenden. Hierbei ist die **Anlage 11** zu nutzen."

Anmerkungen zu vorstehender Betriebsvereinbarung

Für die nach Ziff. (1) BV festgelegte Einladung zu einem Informationsgespräch sollte das Anlagenkonvolut 1 ein Musteranschreiben und standardisierte Informationsblätter für die jeweils BEM-Berechtigten enthalten. Wichtig ist, dass entweder eine Anlage oder die Betriebsvereinbarung immer auch

- über die erforderliche Zustimmung des BEM-Berechtigten zur Durchführung eines BEM, also die Freiwilligkeit der Durchführung,
- über die Ziele des BEM,
- über die Art und den Umfang der für das BEM erhobenen und verwendeten Daten und am besten eine entsprechende Einverständniserklärung zur Verarbeitung der erforderlichen Daten,
- über die erforderliche Zustimmung und damit auch mögliche Ablehnung des BEM-Berechtigten zur/ der Teilnahme des Betriebsrats und/ oder bei schwerbehinderten oder gleichgestellten BEM-Berechtigten zur/der Teilnahme der Schwerbehindertenvertretung

ausdrücklich deutlich informiert.

10 Die Versammlung der schwerbehinderten Menschen

Gesetzliche Voraussetzungen

Nach § 178 Abs. 6 SGB IX hat die Schwerbehindertenvertretung das Recht, mindestens einmal im Kalenderjahr eine Versammlung schwerbehinderter Menschen im Betrieb oder der Dienststelle durchzuführen. Es gelten die Vorschriften für den Betriebsrat bzw. den Personalrat entsprechend. Diese Versammlungen stellen regelmäßig eine besondere Herausforderung für die Vertrauensperson und ihre Stellvertreter dar. Ebenso wie der Betriebsrat verpflichtet ist, regelmäßige Betriebsversammlungen abzuhalten, gilt diese Pflicht einmal jährlich auch für die Schwerbehindertenvertretung. Ihre Wähler haben das Recht, von Ihrer Arbeit zu erfahren, hierzu Stellung zu nehmen und auch entsprechende Anträge zu stellen bzw. Anregungen vorzubringen.

Die Versammlung der schwerbehinderten und gleichgestellten Menschen ist nicht öffentlich. Demnach haben nur diese Gruppe und weitere eingeladene Gäste ein Zutrittsrecht. Einzuladen ist der Arbeitgeber. Dieser hat eine Berichtspflicht gemäß § 166 Abs. 4 SGB IX über alle Angelegenheiten im Zusammenhang mit der Eingliederung schwerbehinderter Menschen.

Tätigkeitsbericht der Vertrauensperson zum Vortrag in der Versammlung der schwerbehinderten Menschen

Die Vertrauensperson hat in analoger Anwendung des § 43 Abs. 1 Satz 1 BetrVG (entsprechend § 178 Abs. 6 Satz 2 SGB IX) einen Tätigkeitsbericht zu erstatten.

Inhalt des Tätigkeitsberichts sollten im Wesentlichen die seit der letzten Versammlung prägenden Tätigkeiten der Schwerbehindertenvertretung sein. Dies werden voraussichtlich immer unterschiedliche Themenschwerpunkte sein. Es kommt auf die jeweilige Entwicklung des Betriebs und Unternehmens, aber auch den Fortgang der Erledigung der Projekte/ Aufgaben an, die sich die Vertrauensperson unter Anregung ihrer Wähler für den vergangenen Zeitraum vorgenommen hatte. Dabei ist zu beachten, dass die Versammlung der schwerbehinderten Menschen eine besondere Versammlung mit besonderen Themenschwerpunkten ist. Es geht also nicht darum, Informationen aus der jedenfalls nach Regelung des BetrVG vierteljährlich stattfindenden Betriebsversammlung zu wiederholen, sondern soweit angebracht zu erläutern, welche Besonderheiten diese Informationen für die Gruppe der schwerbehinderten und diesen gleichgestellten Menschen des Betriebs haben. Die Vertrauensperson sollte immer beachten, dass es sich bei der Versammlung der schwerbehinderten und diesen gleichgestellten Menschen um eine nur diese Gruppe auch betreffende Veranstaltung handelt. Alles über diese Gruppe Hinausgehende ist regelmäßig besser im Rahmen des Rederechts auf einer Betriebsversammlung anzubringen.

Muster 46: Einladung zur Versammlung der schwerbehinderten Menschen

Muster 46

Zur Versammlung der schwerbehinderten und gleichgestellten Kolleginnen und Kollegen lade ich Sie alle hiermit herzlich ein.

Die Versammlung findet statt:

am ________________, um 13.00 Uhr

im Sitzungssaal des Verwaltungsgebäudes der Hauptverwaltung

Tagesordnung:

1. Eröffnung und Begrüßung durch die Vertrauensperson Frau/Herrn ___________ und den stellvertretenden Schwerbehindertenvertreter Frau/ Herrn ____________.
2. Begrüßung durch unseren Geschäftsführer, Frau/Herrn ______ sowie den Inklusionsbeauftragten des Arbeitgebers Frau/Herrn ________.
3. Tätigkeitsbericht der Schwerbehindertenvertretung.
4. Bericht des Arbeitgebers, vorgetragen durch unseren Geschäftsführer.
5. Etwaige Anträge der Versammlungsteilnehmer;
6. Etwaige Stellungnahmen der Versammlungsteilnehmer zum Tätigkeitsbericht;
7. Allgemeine Aussprache;
8. Referat zum Thema: „Betriebliches Eingliederungsmanagement nach § 167 Abs. 2 SGB IX“ – Referentin: Frau M., Integrationsamt _______.
9. Verschiedenes.

In unserem gemeinsamen Interesse bitte ich um zahlreiches Erscheinen.

Musterdorf, den ______________

Mit freundlichen Grüßen

____

Ihre Vertrauensperson

Muster 47: Stichpunkte für einen Tätigkeitsbericht für die Versammlung der schwerbehinderten und diesen gleichgestellten Menschen des Betriebs

Muster 47

Themen, die im Wesentlichen die Gruppe der schwerbehinderten und gleichgestellten Menschen im Betrieb betreffen:

- Statistische Angaben aus dem Betrieb
(z. B. die Anzahl der schwerbehinderten, gleichgestellten und behinderten Beschäftigten, Förderung durch das Integrationsamt oder die Agentur für Arbeit).
- Zusammenarbeit mit dem Arbeitgeber und dem betrieblichen Inklusionsteam (z.B. Erfolge oder Schwierigkeiten in Teilbereichen).
- Hinweis auf mögliche Kontaktaufnahmen zur Vertrauensperson für Beratungen, Rundschreiben, Besuche am Arbeitsplatz usw.
- Sprechzeiten und Kontaktadresse bekannt geben!
- Innerbetriebliches Geschehen im Zusammenhang mit den schwerbehinderten und diesen gleichgestellten Menschen, dies können auch von dem Arbeitgeber besonders geplante Betriebsänderungen, Maßnahmen etc. sein, die eine bestimmte Gruppe oder die gesamte Gruppe der schwerbehinderten und diesen gleichgestellten Menschen besonders betreffen; ebenso von besonderem Interesse, wenn auch von allgemeinem Interesse aller Arbeitnehmer des Betriebs sind geplante und abgeschlossene Projekte, z. B. Inklusionsvereinbarung und Betriebliches Eingliederungsmanagement.
- Ausblick auf Aufgaben und Ziele der künftigen Arbeit.

11 Widersprüche und Stellungnahmen bei Kündigungen

Der Arbeitgeber muss nach § 102 Abs. 1 BetrVG den Betriebsrat vor jeder Kündigung, also auch vor jeder Kündigung während der Probezeit, unter Mitteilung der Kündigungsgründe unterrichten und anhören. Im anderen Falle ist eine dem Arbeitnehmer ausgesprochene Kündigung unwirksam. Ebenso hat der Arbeitgeber vor jeder Kündigung eines schwerbehinderten oder gleichgestellten Beschäftigten die Schwerbehindertenvertretung gemäß § 178 Abs. 2 Satz 1 SGB IX zu unterrichten und anzuhören. Im anderen Falle ist eine solche Kündigung gegenüber dem schwerbehinderten oder gleichgestellten Beschäftigten ebenfalls unwirksam und zwar gemäß § 178 Abs. 2 Satz 3 SGB IX. Zwischenzeitlich hat das BAG festgestellt, dass die Anhörung der Schwerbehindertenvertretung ebenso ausführlich wie die Anhörung des Betriebsrats zu sein hat.[12] Regelmäßig ist eine den Anforderungen des § 102 Abs. 1 BetrVG genügende Betriebsratsanhörung, die der Arbeitgeber dann der Schwerbehindertenvertretung ebenfalls zugehen lässt, auch ausreichend, um die Schwerbehindertenvertretung anzuhören. Sollte sich der Arbeitgeber aber auf mündliche Informationen des Betriebsratsvorsitzenden beziehen, muss die Vertrauensperson diese Informationen nicht unbedingt kennen. Hier kommt es auf den Einzelfall an.

Die Schwerbehindertenvertretung kann nach Zugang der Anhörung im Falle einer ordentlichen Kündigung innerhalb von einer Woche Stellung nehmen und alle Bedenken, die sie gegen die Kündigung hat, vortragen. Im Falle einer außerordentlichen Kündigung muss die Schwerbehindertenvertretung innerhalb einer Frist von drei Tagen Stellung nehmen. Diese Fristen finden sich nicht im Gesetz. Das BAG wendet sie in Analogie zu der Regelung des § 102 Abs. 2 BetrVG an. Zwar kann die Schwerbehindertenvertretung keinen förmlichen Widerspruch gegen eine Kündigung erheben, wie dies zu Gunsten des Betriebsrats in § 102 Abs. 3 BetrVG geregelt ist. Letztendlich kann aber die Schwerbehindertenvertretung mit Bezug auf alle Bedenken Stellung nehmen, also auch mit Bezug auf solche Bedenken, die mit der Schwerbehinderung des Betroffenen nicht im Zusammenhang stehen. Sie kann also auch die in § 102 Abs. 3 BetrVG niedergelegten Argumente aufgreifen, wegen welcher der Betriebsrat ein Widerspruchsrecht hat. Dies kann sie auch dann tun, wenn der Betriebsrat aus welchen Gründen auch immer keinen Widerspruch gegen eine beabsichtigte Kündigung einlegt und keine Bedenken äußert. Legt der Betroffene dann Kündigungsschutzklage ein, wozu die Schwerbehindertenvertretung regelmäßig raten wird, kann das Arbeitsgericht die Argumente der Schwerbehindertenvertretung letztendlich ebenso berücksichtigen wie diejenigen des Betriebsrats.

[12] **BAG** 13.12.2018 – 2 AZR 378/18

Muster 48: Stellungnahme im Falle der Anhörung zu einer beabsichtigten Kündigung während der Probezeit

Muster 48

Vertrauensperson der
– im Hause –

__________ GmbH
Geschäftsführung

Musterdorf, den __________

Beabsichtigte Kündigung des Herrn S während der Probezeit

Sehr geehrte Frau/ Herr __________,

mit Anhörung vom ________ wurde ich in meiner Eigenschaft als Vertrauensperson zur beabsichtigten Kündigung des Herrn S während der Probezeit angehört. Ich habe Herrn S ausführlich über die aus seiner Sicht noch bestehenden Schwierigkeiten im Arbeitsverhältnis befragt. Dabei stellte sich heraus, dass die Probleme, die für Herrn S noch bestehen, durchaus behebbar erscheinen. Aufgrund seiner verlangsamten Auffassungsmöglichkeiten benötigt Herr S eine längere Zeit zur Einarbeitung. Gerade zurzeit ist aber bekanntlich die Produktion überlastet, so dass genau diese Zeiten zur Einarbeitung nicht ausreichend zur Verfügung standen. Ich habe zwischenzeitlich noch einmal Kontakt mit dem Integrationsamt aufgenommen. Dieses wäre bereit, dem S zur weiteren intensiven Einarbeitung eine vorübergehende Assistenz gemäß § 185 Abs. 4 SGB IX i.V.m. § 17 Abs. 1 Nr. 2e Schwerbehinderten-Ausgleichsabgabe-VO zur Verfügung zu stellen. Damit würden die Kollegen in der Produktion nicht weiter mit der Einarbeitung des Herrn S belastet und dieser könnte – zusammen mit seiner Assistenz – zur Abarbeitung der anfallenden Arbeit ebenfalls ausreichend beitragen. Ich bin nach wie vor überzeugt davon, dass Herr S nach ausreichender Einarbeitung für die anfallenden Hilfstätigkeiten sehr geeignet ist. Dadurch entstehen Freiräume für andere Produktionsmitarbeiter, auch für anspruchsvollere Tätigkeiten, so dass insgesamt durch die Beschäftigung des S längerfristig eine positive Entwicklung in der Produktion zu erwarten ist. Ich rege an und bitte Sie darum, noch einmal ein gemeinsames Gespräch zwischen Geschäftsführung, dem Produktionsleiter Herrn P, mir als Vertrauensperson und Herrn S zu führen, damit eventuell auch die Bedenken des Herrn P doch noch ausgeräumt werden können.

Mit freundlichen Grüßen

____
(Vertrauensperson)

Hinweis zu vorstehenden Ausführungen: Grundsätzlich ist es auch dem Betriebsrat kaum möglich, einer Kündigungsabsicht des Arbeitgebers während der Probezeit tragkräftige Argumente entgegen zu setzen. Der Arbeitgeber benötigt während der Probezeit keine Kündigungsgründe um zu kündigen. Die SBV kann dagegen dann unter Umständen auch gewichtige Argumente vorbringen, wenn der Arbeitgeber, was tatsächlich häufig vorkommt, in seiner Entscheidung unsicher ist, sich dann aber doch wegen Ablaufs der Probezeit für den Ausspruch einer Kündigung entscheidet. Hier kann die SBV nämlich auf Fördermöglichkeiten hinweisen, die dann doch den Ausschlag für eine Abkehr von der Kündigung bilden. Darauf sollten Sie als SBV also in Ihrer Rückäußerung zu einer solchen beabsichtigten Kündigung ganz besonderen Wert legen.

Muster 49: Stellungnahme im Falle der Anhörung zu einer beabsichtigten betriebsbedingten Kündigung

Oft werden Sie bereits vor der Ihnen zugehenden Anhörung in Ihrer Eigenschaft als Vertrauensperson davon informiert sein, wenn der Arbeitgeber mehrere betriebsbedingte Kündigungen plant. Anders ist dies unter Umständen, wenn nur einem, im Falle Ihrer Beteiligung schwerbehinderten oder gleichgestellten Beschäftigten betriebsbedingt gekündigt werden soll. Sind Sie bereits vorbereitet, so werden Sie auch mit den von der / den Kündigungen Betroffenen gesprochen haben. Im anderen Falle ist es wichtig, dass Sie mit dem von der Kündigung betroffenen Beschäftigten so schnell wie möglich sprechen und mit diesem vor allem auch besprechen, wie auf die Anhörung reagiert werden sollte. Grund dafür ist, dass Sie für Ihre eigene Stellungnahme nur eine Woche Zeit haben. Betroffene Beschäftigte können die unterschiedlichsten Vorstellungen haben, wie sie mit einer ihnen ausgesprochenen Kündigung umgehen möchten. Diese müssen Sie als Vertrauensperson kennen, damit Sie entsprechend dieser Vorstellungen auch Ihre Stellungnahme formulieren. Dadurch wiederum haben Sie ebenso wie der Betriebsrat die Möglichkeit, mit Ihrer Stellungnahme einen Betroffenen im Kündigungsschutzverfahren zu unterstützen. Kann der Betriebsrat dem Betroffenen einen Weiterbeschäftigungsanspruch gemäß § 102 Abs. 5 BetrVG durch seinen Widerspruch verschaffen, so sollten Sie den Betriebsrat auch bei dessen Widerspruch, insbesondere der erforderlichen fundierten Begründung unterstützen, soweit Sie ausreichende Informationen von dem Betroffenen erhalten haben. Nur ein gemäß § 102 Abs. 3 BetrVG frist- und ordnungsgemäßer Widerspruch verhilft nämlich zu dem unter Umständen wichtigen betriebsverfassungsrechtlichen Weiterbeschäftigungsanspruch des Betroffenen. Hier sind auch Sie als Vertrauensperson gefordert, wenn es sich bei dem Betroffenen um einen von Ihnen vertretenen schwerbehinderten oder gleichgestellten Arbeitnehmer handelt. Unter Umständen wird es Ihnen möglich sein, dem Betriebsrat wichtige Informationen vor allem zu den Widerspruchsgründen gemäß § 102 Abs. 3 Nr. 3 – 5 BetrVG an die Hand zu geben. Sie selbst können solche Gründe ebenfalls in Ihrer Stellungnahme aufführen. Diese Gründe sind dann zwar nicht für die Begründung eines Weiterbeschäftigungsanspruchs geeignet, können aber das Arbeitsgericht davon überzeugen, dass gemäß § 1 Abs. 2 KSchG dringende betriebsbedingte Kündigungsgründe überhaupt nicht vorliegen.

Muster 49

Vertrauensperson
der Firma XYZ-GmbH – Hause –

XYZ-GmbH
Geschäftsführung

Musterdorf, den ___________

Beabsichtigte ordentliche Kündigung der Frau S

Sehr geehrter Herr ______,

am Montag, dem 17. Mai 2021 ging mir Ihre Anhörung über die von Ihnen beabsichtigte betriebsbedingte Kündigung der Frau S zu. Unmittelbar danach habe ich im Rahmen eines Gesprächs mit Frau S dieser Ihre Kündigungsabsicht und Ihre mir mitgeteilten Gründe erläutert. Aus den nachfolgenden Gründen sind wir beide der Meinung, dass eine Kündigung der Frau S bereits unwirksam wäre, weil sie sozial ungerechtfertigt ist. Darüber hinaus entspricht auch die von Ihnen nun zunächst getroffene Sozialauswahl nicht den Anforderungen des § 1 Abs. 3 KSchG.

Die Kündigung ist sozial ungerechtfertigt gemäß § 1 Abs. 2 Satz 2 Nr. 1b, auch in Verbindung mit § 1 Abs. 2 Satz 3 KSchG:

Frau S hat bekanntlich neben ihrer Ausbildung zu einer Verkäuferin auch eine Ausbildung als Schneiderin erfolgreich abgeschlossen. In der Änderungsschneiderei unseres Unternehmens wird in Kürze der Arbeitsplatz der Frau W altersbedingt frei. Es wäre möglich, Frau S als Schneiderin zu beschäftigen. Mit einer solchen Änderung ihres Arbeitsvertrags erklärt sich Frau S bereits jetzt einverstanden.

Frau S wäre auch bereit, zukünftig in unserem Call-Center zur Entgegennahme von Beschwerden tätig zu werden. Frau S kennt unser Unternehmen seit vielen Jahren. Es wäre nur eine voraussichtlich kurze Fortbildung erforderlich, um Frau S in die noch für sie neuen Tätigkeiten einzuweisen. Auch mit einer solchen Fortbildung und entsprechenden Änderung ihres Arbeitsvertrags ist Frau S einverstanden.

Fehlerhafte Sozialauswahl gemäß § 1 Abs. 3 KSchG:

Auch die von Ihnen vorgenommene Sozialauswahl dürfte nicht rechtswirksam sein. Es ist bereits kein Grund erkennbar, alle Abteilungen der XYZ-GmbH getrennt zu betrachten. Alle Verkäufer sind nach einer kurzen Einarbeitungsphase untereinander austauschbar. Bekanntlich ist Frau S darüber hinaus gelernte Schuhverkäuferin. Trotz vieler Jahre ihrer Tätigkeit in der Spielwarenabteilung kann Frau S problemlos in der Schuhabteilung eingesetzt werden. Demnach bestand eine direkte Vergleichbarkeit mit den von Ihnen im Rahmen der Sozialauswahl nicht berücksichtigten 5 Verkäufern der Schuhabteilung, welchen eine Kündigung nicht ausgesprochen werden soll. Darüber hinaus halten wir die Sozialauswahl zwischen Frau S und Herrn H, der ebenfalls in der Spielwarenabteilung tätig ist und dem nicht gekündigt werden soll, als falsch getroffen. Die Schwerbehinderung der Frau S wird nicht ausreichend berücksichtigt. Der Altersunterschied von nur ___ Jahren ist zu vernachlässigen, insbesondere in Anbetracht der Schwerbehinderung der Frau S. Insoweit verweisen wir auch darauf, dass die Firma XYZ-GmbH die gesetzliche Quote gemäß § 154 SGB IX nicht erfüllt. Die ebenfalls nur geringe längere Beschäftigungsdauer des Herrn H von _____ Jahren wiegt weniger schwer, insbesondere auch unter Berücksichtigung des Umstands, dass es Herrn H als nicht schwerbehinderten Menschen leichter gelingen dürfte, einen neuen Arbeitsplatz als Verkäufer zu finden.

Aus vorstehenden Gründen habe ich als Vertrauensperson ganz erhebliche Bedenken gegen die Rechtswirksamkeit der von Ihnen beabsichtigten Kündigung der Frau S. Hinzu kommt, dass zumindest ein Motiv Ihrer Sozialauswahl auch die Behinderung der Frau S sein könnte. Frau S teilte mir mit, dass sich der Verkaufsleiter Herr VL mehrfach unverständlich darüber geäußert habe, dass Frau S mehr Urlaubsansprüche habe und „nicht bereit sei“, Mehrarbeit zu leisten.

Jederzeit stehe ich Ihnen gerne auch persönlich zur nochmaligen Erörterung meiner Bedenken zur Verfügung.

Mit freundlichen Grüßen

____

V
(Vertrauensperson der XYZ-GmbH)

Muster 50: Neue Herausforderungen bei einer beabsichtigten außerordentlichen Kündigung

Neue und besondere Herausforderungen kommen auf Sie als Vertrauensperson zu, wenn der Arbeitgeber eine außerordentliche Kündigung beabsichtigt. Grund dafür ist eine Rechtsprechungsänderung des BAG mit weitreichenden Folgen. Mit Urteil vom 11. Juni 2020[13] hat das BAG unter Änderung der bisherigen Rechtsprechung festgestellt, dass im Falle der außerordentlichen Kündigung eines schwerbehinderten Menschen die Arbeitsgerichte die Einhaltung der Zweiwochenfrist des § 626 Abs. 2 BGB nicht mehr zu prüfen haben. Hintergrund, also rechtliche Ausgangslage ist hier, dass vor dem Ausspruch einer Kündigung eines schwerbehinderten Menschen immer bei dem Integrationsamt die Zustimmung zur Kündigung eingeholt werden muss. Dieses Zustimmungsverfahren ist vor einer beabsichtigten außerordentlichen Kündigung in § 174 SGB IX geregelt. § 174 Abs. 2 regelt aber bereits und letztendlich inhaltsgleich wie in § 626 Abs. 2 BGB geregelt, dass diese Zustimmung zur Kündigung nur innerhalb von zwei Wochen beantragt werden kann und zwar beginnend mit demjenigen Zeitpunkt, in welchem Arbeitgeber von den für die Kündigung maßgebenden Tatsachen Kenntnis erlangt. Für die Einhaltung dieser Frist ist maßgebend der Zeitpunkt des Eingangs des Antrages bei dem Integrationsamt, vergleichbar also mit dem Zugang der außerordentlichen Kündigung bei dem zu kündigenden Arbeitnehmer. Das BAG führt deutlich klar und unmissverständlich aus, dass die Arbeitsgerichte im Falle der Kündigung eines schwerbehinderten Menschen zukünftig die Einhaltung der Frist gemäß § 626 Abs. 2 BGB nicht mehr prüfen dürfen. Die Arbeitsgerichte sind nur noch zuständig für die Überprüfung, ob die Kündigung unverzüglich i.S.d. § 174 Abs. 5 SGB IX nach Erteilung der Zustimmung durch das Integrationsamt erklärt wurde. Dabei ist aber zu beachten, dass nach wie vor die Anhörung sowohl des Betriebsrats, als auch der Schwerbehindertenvertretung gemäß §§ 102 BetrVG und 178 Abs. 2 SGB IX noch unverzüglich nach Zugang der Zustimmungserklärung des Integrationsamts durchgeführt werden kann. Dann muss aber die Kündigung ebenfalls unverzüglich nach Abschluss beider Anhörungsverfahren dem betroffenen Arbeitnehmer zugehen.

Diese neue Rechtsprechung des BAG könnte unter Umständen in Fällen, in welchen die Einhaltung der sowohl in § 174 Abs. 2 SGB IX als auch § 626 Abs. 2 BGB geregelten zweiwöchigen Frist streitig ist, zu Vorteilen für den Arbeitgeber führen. Stellen Sie sich nämlich vor, das Integrationsamt erteilt zunächst aufgrund einer Verkennung der rechtlichen Anforderungen an die Einhaltung der Zweiwochenfrist die Zustimmung. Dann kann und muss der Arbeitgeber unverzüglich kündigen. Gleichzeitig kann der betroffene schwerbehinderte Arbeitnehmer die Zustimmung vor dem Verwaltungsgericht überprüfen lassen. Sollte nun das arbeitsgerichtliche Verfahren schneller mit einer Abweisung der Kündigungsschutzklage enden als das Verwaltungsgerichtsverfahren mit dem Schwerpunkt der rechtlich in Kündigungsschutzverfahren häufig im Mittelpunkt stehenden Fristenfrage, bleibt die Kündigung wirksam und der betroffene muss das Unternehmen zunächst verlassen. Denn auch eine rechtswidrige, aber nicht nichtige Zustimmung des Integrationsamts ist ein Verwaltungsakt, der so lange Wirksamkeit hat und auch von dem Arbeitsgericht beachtet werden muss, bis er rechtskräftig aufgehoben ist. Nach rechtskräftiger Abweisung der Kündigungsschutzklage steht dem Arbeitnehmer dann allenfalls die so genannte Restitutionsklage nach § 580 ZPO offen, welche die wenigsten Betroffenen letztendlich betreiben dürften.

Noch erheblich gravierender in ihren Auswirkungen ist jedoch die so genannte Fiktion der Zustimmung gemäß § 174 Abs. 3 Satz 2 SGB IX. Danach gilt die Zustimmung ohne weitere rechtliche Überprüfung der Zweiwochenfrist als erteilt, wenn das Integrationsamt keine Entscheidung innerhalb der zweiwöchigen Frist trifft. Auch wenn das Arbeitsgericht den Ablauf der Zweiwochenfrist vor Antragstellung bei dem Integrationsamt erkennen würde, bez. meinen würde, diesen zu erkennen, dürfte es darauf keinen Bezug nehmen.

---

13 **BAG** 11.6.2020 – 2 AZR 442/19

Aus vorstehenden Gründen sollten Sie als SBV alles tun, um eine fehlerhafte Entscheidung des Integrationsamts insbesondere in der Fristenfrage zu vermeiden. Nehmen Sie kurzfristig und so schnell wie möglich Kontakt mit dem Integrationsamt auf. Vereinbaren Sie unter Umständen auch einen Vororttermin oder beharren Sie, falls Sie es für erforderlich halten unter Umständen sogar auf eine mündliche Verhandlung innerhalb der zweiwöchigen Frist zur weiteren Abklärung der Sachlage.

Muster 50

Vertrauensperson
der Firma XYZ-GmbH – Hause –

An das Integrationsamt
xxxxx Musterdorf

Musterdorf, den ___________

Beabsichtigte außerordentliche Kündigung des Herrn S

Sehr geehrter Herr ______, sehr geehrte Damen und Herren,

in meiner Eigenschaft als Vertrauensperson des B-Betriebs der XYZ GmbH unterrichtete mich am gestrigen Mittwoch, dem ___________ unsere Geschäftsführung darüber, dass beabsichtigt sei, dem schwerbehinderten Verwaltungsmitarbeiter Herrn S eine außerordentliche Kündigung auszusprechen. Die Geschäftsführung unterrichtete mich des Weiteren darüber, dass noch heute der Antrag auf Zustimmung zu dieser Kündigung Ihrem für unseren Betrieb zuständigen Integrationsamt zugehen würde. Auf meine Rückfragen zu den Gründen einer außerordentlichen Kündigung erläuterte mir die Geschäftsführung, vertreten durch den Inklusionsbeauftragten des Unternehmens, Herr S habe eine Mitarbeiterin unseres Betriebs, deren Namen aus Gründen des Datenschutzes nicht genannt werden würde, vor drei Wochen sexuell belästigt. Herr S bestreitet dies auf meine Rückfragen hin und ist von dem Vorwurf überrascht und schilderte mir, dass es die Mitarbeiterin, die er hinter dieser Anschuldigung vermute war, die engeren Kontakt mit ihm habe aufnehmen wollen. Dies sei aber bereits vor vier Wochen gewesen und er selbst habe einen solchen engeren Kontakt abgelehnt. Eine weitere Aufklärung ohne die bisher verweigerte Mithilfe des Arbeitgebers ist mir nicht möglich. Gleichzeitig halte ich es für möglich, dass der Zustimmungsantrag auf Zustimmung zum Ausspruch einer außerordentlichen Kündigung bereits nicht innerhalb der zweiwöchigen Frist des § 174 Abs. 2 SGB IX gestellt wurde.

Insbesondere auch wegen der Schwierigkeiten bei der Ermittlung des Sachverhalts beantrage ich in Vollmacht des Herrn S bereits jetzt die unverzügliche Durchführung einer mündlichen Verhandlung gemäß § 171 Abs. 1 SGB IX. zusammen mit Herrn S gehe ich davon aus, dass bereits in einem solchen gemeinsamen Termin alle Fragen und etwaigen Missverständnisse geklärt werden können, so dass eine Zustimmung zu der beabsichtigten Kündigung nicht erteilt werden dürfte.

Mit freundlichen Grüßen

____
V
(Vertrauensperson der XYZ-GmbH)

12 Ein durch die Schwerbehindertenvertretung geführtes Beschlussverfahren

Muster 51: Beschlussverfahren, eingeleitet durch die Schwerbehindertenvertretung

Muster 51

Arbeitsgericht ________

Antrag auf Einleitung eines Beschlussverfahrens

1. Der Schwerbehindertenvertretung des _____Betriebs der XYZ-GmbH, vertreten durch die Vertrauensperson Herrn V, 11111 Musterdorf, Musterstraße 67

– Antragstellerin und Beteiligte zu 1. –

Prozessbevollmächtigter: Rechtsanwalt _______

gegen

2. Die XYZ-GmbH, vertreten durch deren Geschäftsführer Herrn G, 11111 Musterdorf, Musterstraße 67

– Antragsgegnerin und Beteiligte zu 2. –

3. Herr Max Muster, Vertrauensperson des ____ Betriebs der XYZ-GmbH, 11111 Musterdorf, Musterstraße 100

– Beteiligter zu 3. –

Namens und in Vollmacht der Antragstellerin und Beteiligten zu 1. bitte ich um die Einleitung eines Beschlussverfahrens. Ich werde beantragen,

1. Die Antragsgegnerin zu verpflichten, die Antragstellerin von der Zahlung der Seminargebühren für die Schulung „Verhandlung und Abschluss von Inklusionsvereinbarungen“ vom 17. Mai 2021 bis zum 19. Mai 2021 in Höhe von 790,00 Euro freizustellen;

2. Die Antragsgegnerin zu verpflichten, an den Beteiligten zu 3. Kosten für eine Schulungsmaßnahme in Höhe von 450,00 Euro nebst Zinsen in Höhe von fünf Prozentpunkten über dem jeweiligen Basiszinssatz seit dem 1. November 2020 zu erstatten.

Begründung

Der Beteiligte zu 3. hat vom Montag, dem 17. Mai 2021 bis zum Mittwoch, dem 19. Mai 2021 eine Schulungsveranstaltung zu dem Spezialthema Verhandlung und Abschluss von Inklusionsvereinbarungen besucht. Nach § 179 Abs. 8 SGB IX hat der Arbeitgeber die durch die Tätigkeit der Schwerbehindertenvertretung entstehenden Kosten zu tragen. Dies gilt auch für Kosten, die anlässlich der Teilnahme der Vertrauensperson an einer erforderlichen Schulungsveranstaltung gemäß § 179 Abs. 4 Satz 3 SGB IX entstehen. Zu diesen Kosten gehören neben den eigentlichen Seminargebühren auch die notwendigen Reise-, Übernachtungs- und Verpflegungskosten der Vertrauensperson.

Erforderlichkeit ist gegeben, wenn die in der Schulung vermittelten Kenntnisse unter Berücksichtigung der konkreten Verhältnisse im Betrieb notwendig sind, damit die Schwerbehindertenvertretung ihre gegenwärtigen oder in naher Zukunft anstehenden Aufgaben sach- und fachgerecht erfüllen kann. Da es sich bei der streitgegenständigen Schulung um eine Spezialschulung handelt, muss ein aktueller betrieblicher Anlass für den Besuch der Schulung bestehen. Dieser besteht, weil der Beteiligte zu 3. als Vertrauensperson die Antragsgegnerin dreimal mit jeweiliger Fristsetzung erfolglos dazu aufgefordert hatte, mit ihr in Verhandlungen einer im Betrieb noch nicht bestehenden Inklusionsvereinbarung zu treten. Die betrieblichen Voraussetzungen für den Abschluss einer Inklusionsvereinbarung gemäß § 166 SGB IX liegen vor. Der Arbeitgeber ist zur Aufnahme entsprechender Verhandlungen verpflichtet. Der Themenplan der Schulung ist in der Anlage 1 beigefügt.

Die Schulungskosten betragen 790,00 Euro. Diese Kosten sind direkt bei dem Schulungsveranstalter zu begleichen, der die Antragstellerin entsprechend in Anspruch genommen hat. Die Antragstellerin hat einen Anspruch auf Freistellung von diesen Kosten gegen die Antragsgegnerin.

Der Beteiligte zu 3. hat Reisekosten und Hotelkosten in Höhe von insgesamt 450,00 Euro verauslagt und die Erstattung unter Vorlage der Rechnungsbelege am Freitag, dem 21. Mai 2021 bei der Antragsgegnerin geltend gemacht. Die Rechnungsbelege sind in der Anlage 2 noch einmal in Kopie beigefügt. Die Antragsgegnerin befindet sich spätestens ab dem Montag, dem 21. Juni 2021 im Verzug. Es handelt sich um eine Entgeltforderung gemäß § 286 Abs. 3 BGB.

____

Rechtsanwalt

13 Die Inklusionsvereinbarung

Sowohl in der Rechtsprechung als auch in der Literatur wurden in der Vergangenheit unterschiedliche Ansichten darüber vertreten, ob es sich bei einer Inklusionsvereinbarung um eine Betriebsvereinbarung, eine Regelungsabrede oder eben um eine Vereinbarung besonderer Art handelt. Von der Beantwortung dieser Frage hängt es ab, welche Rechtswirkungen die Inklusionsvereinbarung entfaltet. Würde es sich um eine Betriebsvereinbarung handeln, so hätte diese wegen des Rechtsnormcharakters einer Betriebsvereinbarung Bindungswirkung nicht nur zwischen den abschließenden Betriebspartnern, sondern auch zwischen Arbeitgeber und den Beschäftigten. Der Arbeitgeber dürfte dann auch im Rahmen des individualarbeitsrechtlichen Vertragsverhältnisses mit dem jeweiligen Arbeitnehmer nicht gegen die Regelungen der Inklusionsvereinbarung verstoßen. Die wohl herrschende Meinung, insbesondere auch in der Rechtsprechung lehnt die Gleichstellung der Inklusionsvereinbarung mit einer Betriebsvereinbarung jedoch ab. Demgemäß wird auch nicht davon ausgegangen, dass die Inklusionsvereinbarung direkt Wirkung für die einzelnen Arbeitsverhältnisse entfaltet. Andererseits ist es aber möglich, in einer Inklusionsvereinbarung Ansprüche zu Gunsten schwerbehinderter Beschäftigter zu formulieren, die dann von diesen Beschäftigten gegen den Arbeitgeber geltend gemacht werden können.

Näher als der Betriebsvereinbarung dürfte die Inklusionsvereinbarung der Regelungsabrede stehen. Diese hat keine normativen Auswirkungen auf das einzelne Arbeitsverhältnis. Hauptmerkmal einer Regelungsabrede ist deren regelmäßig formloser Abschluss zwischen Arbeitgeber und Betriebsrat. Die Regelungsabrede ist eine schuldrechtliche Vereinbarung zwischen Arbeitgeber und Betriebsrat, die auch nur diese beiden Vertragspartner untereinander bindet.

Kollektivvereinbarung „eigener Art“

Anders als bei der Regelungsabrede handelt es sich aber bei der Inklusionsvereinbarung um eine Vereinbarung, die jedenfalls im Regelfall nicht nur von zwei Vertragspartnern, sondern von drei oder auch vier aktiv beteiligten Vertragspartnern, nämlich dem Arbeitgeber, der SBV, dem Betriebsrat und dem Inklusionsbeauftragten des Arbeitgebers abgeschlossen wird und darüber hinaus zwar keine normative Wirkung, aber gleichwohl eine erhebliche Steuerungswirkung auch für die jeweiligen Arbeitsverhältnisse hat. Aus diesem Grund wird die Inklusionsvereinbarung von einem großen Teil in Literatur und Rechtsprechung als ein mehrseitiger kollektivrechtlicher Vertrag eigener Art betrachtet, der weder der Betriebsvereinbarung, noch der Regelungsabrede gleichgestellt ist.[14]

Hierfür spricht auch der Zweck einer Inklusionsvereinbarung. Die Inklusionsvereinbarung soll personelle Maßnahmen im Zusammenhang mit der Einstellung und vor allem auch Beschäftigung schwerbehinderter Menschen planen und steuern. Sie hat gerade nicht den Zweck, verbindliche Rechte für die einzelnen Mitarbeiter zu begründen. Dies ist auch überhaupt nicht erforderlich, weil die jeweiligen verbindlichen Rechte bereits ausdrücklich geregelt sind. Eher handelt es sich um ein **verbindliches Programm** zwischen den Unterzeichnern, nämlich Arbeitgeber, Schwerbehindertenvertretung und regelmäßig Betriebsrat oder Personalrat und Inklusionsbeauftragtem des Arbeitgebers zur Art und Weise der Umsetzung der gesetzlich bereits vorgegebenen Ansprüche.

Darüber hinaus hat eine Inklusionsvereinbarung auch Auswirkungen auf die Zusammenarbeit des Betriebs bzw. Unternehmens mit der Agentur für Arbeit und dem Integrationsamt. Diese erhalten einen Überblick über die innerbetrieblichen Gegebenheiten im Zusammenhang mit der Einstellung und Beschäftigung Schwerbehinderter. Dadurch kann die Bunde-

14 **Düwell** § 166 Rd. 8; **LAG Hessen** 17.01.2012 – 15 Sa 549/11

sagentur für Arbeit eine gezieltere Beratung des Arbeitgebers vornehmen und eine zielgerichtete Vermittlung arbeitsloser Schwerbehinderter durch die Zusage der Finanzierung entsprechender Qualifizierungsmaßnahmen ermöglichen.

13.1 Musterbausteine einer Inklusionsvereinbarung

13.1.1 Vorbemerkung/ Präambel

Eine Vorbemerkung bzw. Präambel ist regelmäßig üblich, aber keine zwingende Voraussetzung für den Abschluss einer Inklusionsvereinbarung. Allerdings ist die Vorbemerkung eine gute Möglichkeit, das Ergebnis der aktuellen Bestandsaufnahme darzustellen und die gemeinsamen Ziele, für die ein Grundkonsens besteht, ausdrücklich zu formulieren.

Praxisbeispiele:

> ***Präambel***
>
> *Die Beschäftigung schwerbehinderter Menschen und ihre Förderung ist eine ständige gesellschafts- und sozialpolitische Aufgabe.*
>
> *Die Geschäftsführung, die Gesamtschwerbehindertenvertretung und der Gesamtbetriebsrat stimmen darin überein, dass mit dieser Inklusionsvereinbarung eine Eingliederung schwerbehinderter und diesen gleichgestellter Menschen in das Arbeitsleben entsprechend der Vorgaben nach dem Sozialgesetzbuch IX unterstützt und in unserem Unternehmen als ständige unternehmerische Aufgabe und Verantwortung gesehen wird.*
>
> *Derzeit werden in unserem Unternehmen ____schwerbehinderte und gleichgestellte Menschen auf Arbeitsplätzen im Sinne des § 156 Abs. 1 SGB IX beschäftigt. Ziel dieser Vereinbarung ist die Förderung von Neueinstellung, Ausbildung und Arbeitsplatzerhaltung schwerbehinderter und diesen gleichgestellten Menschen sowie von Barrierefreiheit im Unternehmen.*
>
> *Zum Erreichen dieser Ziele arbeiten Beauftragte des Arbeitgebers, Schwerbehindertenvertretungen und Betriebsräte eng zusammen. Darüber hinaus wird angestrebt, Maßnahmen aus dieser Vereinbarung mit den zuständigen Integrationsämtern, Arbeitsämtern, Integrationsfachdiensten und anderen Leistungsträgern zu koordinieren. Finanzielle Förderungen sind auszuschöpfen.*

> ***Präambel***
>
> *Geschäftsführung, Schwerbehindertenvertretung und Betriebsrat stimmen darin überein, dass es eine besonders wichtige gesellschafts- und sozialpolitische Aufgabe ist, behinderte Menschen zu beschäftigen, ihre Arbeitsplätze zu sichern und zu fördern.*
>
> *Zur Zielsetzung des Unternehmens gehört es, Chancengleichheit für alle Arbeitnehmer zu erreichen und Diskriminierung und soziale Ausgrenzung behinderter Menschen zu verhindern.*
>
> *Im Rahmen der Umsetzung des Sozialgesetzbuches IX verpflichtet sich das Unternehmen einen Beitrag zum Abbau der Arbeitslosigkeit behinderter Menschen zu leisten.*

Präambel

Die Beschäftigung von schwerbehinderten Menschen ist durch Gesetz vorgeschrieben und damit eine gesetzliche Verpflichtung des Unternehmens. Die dauerhafte berufliche Inklusion behinderter Menschen erfordert eine partnerschaftliche Zusammenarbeit aller Beteiligten. Im Vordergrund steht, Menschen mit Behinderung an ihren Fähigkeiten zu messen, nicht an ihren Defiziten.

Präambel

Die Geschäftsführung, der Betriebsrat und die Schwerbehindertenvertretung stimmen darin überein, dass – wie schon in den letzten Jahren praktiziert – Menschen mit Behinderungen in unserem Betrieb eine besondere Förderung erfahren. Im Rahmen der gesellschafts- und sozialpolitischen Aufgabe ist und war es unser Ziel, schwerbehinderte Menschen in den Arbeitsprozess einzugliedern und ihnen eine ihren jeweiligen Anlagen entsprechende Beschäftigung zu geben. Dies gilt sowohl für im Betrieb beschäftigte Mitarbeiterinnen und Mitarbeiter als auch für Neueinstellungen.

Derzeit werden in unserem Unternehmen __________

Diese Inklusionsvereinbarung dient dem Ziel, Chancengleichheit für alle Beschäftigten in unserem Unternehmen zu erreichen sowie die Diskriminierung und auch die soziale Ausgrenzung schwerbehinderter Menschen zu bekämpfen.

13.1.2 Geltungsbereich der Inklusionsvereinbarung

Der Geltungsbereich einer Inklusionsvereinbarung kann unterschiedlich vereinbart werden. die Inklusionsvereinbarung kann entweder „nur“ für behinderte, schwerbehinderte und gleichgestellte Mitarbeiter des Betriebs vereinbart werden. Dafür spricht vor allem der in § 166 Abs. 2 SGB IX aufgeführte, speziell auf die Beschäftigungssituation schwerbehinderter Menschen abstellende, Regelungsinhalt, den eine Inklusionsvereinbarung zwingend enthalten sollte. Zulässig ist es aber auch, eine Inklusionsvereinbarung für alle Beschäftigten des Betriebs zu vereinbaren. Dies ergibt sich bereits aus § 166 Abs. 3 Nr. 5 SGB IX, wonach in einer Inklusionsvereinbarung auch Regelungen zur Durchführung des betrieblichen Eingliederungsmanagements getroffen werden können.

Praxisbeispiele:

Geltungsbereich

Nachstehende Inklusionsvereinbarung gilt ohne Ausnahme für alle Mitarbeiterinnen und Mitarbeiter der XXX.

Geltungsbereich

Diese Inklusionsvereinbarung gilt für alle schwerbehinderten und diesen gleichgestellten Arbeitnehmer/innen der XXX im Sinne der §§ 2, Absatz 2 und 3, und 151 SGB IX.

Geltungsbereich

Diese Vereinbarung gilt für die XXX. Sie kommt für die folgenden Personenkreise in Betracht:

- *Behinderte, schwerbehinderte und gleichgestellte Beschäftigte im Sinne des § 2 SGB IX*
- *Beschäftigte mit Einsatzeinschränkungen (Schicht, Lärm u. a.) Rehabilitanden*
- *Langzeit erkranke und gleichzeitig arbeitsunfähige Arbeitnehmerinnen und Arbeitnehmer.*

13.1.3 Darstellung der konkreten Ziele

Haben sich die Betriebspartner über einvernehmliche Ziele geeinigt, so sollten diese Ziele eingangs auch dargestellt werden. Der Bindungswille des Arbeitgebers wird regelmäßig größer sein, wenn er über solche schriftlich bereits niedergelegten Ziele eine Vereinbarung zu treffen hat, die von ihm selbst als konkretes Ziel formuliert und niedergelegt wurden.

Praxisbeispiele:

Ziele dieser Vereinbarung

Ziele dieser Betriebsvereinbarung sind:

- *die Neueinstellung und die Ausbildung von behinderten Arbeitnehmern auf mindestens ______,*
- *die Arbeitsplatzerhaltung behinderter Arbeitnehmer,*
- *die Qualifizierung und Weiterbildung behinderter Arbeitnehmer,*
- *die Planung und Durchführung betrieblicher Inklusions- und Rehabilitationsmaßnahmen,*
- *die Barrierefreiheit im Betrieb.*

Zum Erreichen dieser Ziele arbeiten Schwerbehindertenvertretung, Betriebsrat und die zuständigen betrieblichen Stellen zusammen. Sie unterstützen sich und koordinieren ihre Arbeit.

Darüber hinaus werden Maßnahmen aus dieser Vereinbarung mit dem Integrationssamt, der Arbeitsagentur und anderen Rehabilitations- und Leistungsträgern (z. B. Berufsgenossenschaft, Bundesagentur für Arbeit und Rentenversicherung) sowie Integrationsfachdiensten koordiniert. Entsprechende Fördermöglichkeiten werden in Anspruch genommen.

Ziele dieser Vereinbarung

Ziele dieser Inklusionsvereinbarung sind:

- *die Neueinstellung schwerbehinderter Menschen auf Arbeits- und Ausbildungsplätzen,*
- *die Arbeitsplatzerhaltung und berufliche Förderung schwerbehinderter Beschäftigter,*
- *die Sicherstellung barrierefreier Bauweise in den Dienststellen gemäß DIN 18040 und barrierefreier Gestaltung von IT-Systemen,*
- *die Planung und Durchführung des betrieblichen Eingliederungsmanagements nach § 167 (2) SGB IX,*

- *die Verbesserung der Zusammenarbeit aller am betrieblichen Inklusions- und Rehabilitationsgeschehen Beteiligter.*

Ziele dieser Vereinbarung

Ziele dieser Vereinbarung sind:

- *die Neueinstellung und die Ausbildung behinderter Menschen, entsprechend den betrieblichen Möglichkeiten,*
- *die Inklusion schwerbehinderter Menschen entsprechend ihren Fähigkeiten und ihres Leistungsvermögens in allen betrieblichen Prozessen zu fördern, zu unterstützen und zu gewährleisten,*
- *die Arbeitsplatzerhaltung und Arbeitsplatzgestaltung für behinderte Beschäftigte,*
- *die Qualifizierung und Weiterbildung behinderter Beschäftigter. Dabei müssen ihnen alle Möglichkeiten des Qualifizierungsspektrums offenstehen, z. B. die tariflichen Bestimmungen.*
- *Die Planung und Durchführung betrieblicher Inklusions- und Rehabilitationsmaßnahmen,*
- *Barrierefreiheit im Betrieb sicherzustellen,*
- *die Wiederherstellung und Erhaltung der Gesundheit der Beschäftigten,*
- *die Zusammenarbeit zwischen Geschäftsleitung, BR und Schwerbehindertenvertretung sowie der Integrationsfachdienste, der Rentenversicherung, BG, des Integrationsamtes, Arbeitsamtes, der Sozial-Versicherungsverbände sowie Behörden wie Gesundheits- und Gewerbeaufsichtsamt,*
- *Anstreben einer deutlichen Erhöhung der Schwerbehindertenquote im Betrieb.*

Vereinbarung von Zielen dieser Vereinbarung

*In Ergänzung zu den hier aufgeführten Rahmenbedingungen wird als **Anlage**, gegebenenfalls standortbezogen, ein Katalog mit konkreten Zielen zur Förderung und Umsetzung der Inklusionsprozesse vereinbart. Die Abstimmung über erreichte Ziele und Vereinbarung neuer Ziele erfolgt in der Regel alle 2 Jahre.*

Anlage zur Inklusionsvereinbarung

Zur Förderung und Umsetzung der Inklusionsprozesse werden gemäß Punkt X der Inklusionsvereinbarung folgende Ziele vereinbart:

1. Arbeitssicherheit und Notfallunterstützung

In Bereichen, in denen schwerbehinderte Menschen beschäftigt sind, werden die bestehenden Notfallmaßnahmen und -einrichtungen auf Zugänglichkeit, Erreichbarkeit und Verständlichkeit für schwerbehinderte Mitarbeiter überprüft und den Betroffenen bekannt gemacht. Sich daraus unter Umständen ergebende Notwendigkeiten zur Schaffung bzw. Erweiterung von Notfallmaßnahmen und -einrichtungen werden initiiert. Vorgesehener Zeitraum: 6 Monate nach Abschluss dieser Vereinbarung. Verantwortliche: Inklusionsteam

2. Interne Kommunikation

Es wird ein Konzept zur inhaltlichen Ausgestaltung und zur Einsetzbarkeit eines Schulungs- und Informationsbausteines zum Thema Beschäftigung und Inklusion schwerbehinderter Mitarbeiter erarbeitet. Dieser soll im Rahmen der internen Kommunikation als fester Bestandteil ausgewählter innerbetrieblicher Führungskräfteseminare und geeigneter interner Veranstaltungen zur Anwendung kommen. Vorgesehener Zeitraum: 1 Jahr nach Abschluss dieser Vereinbarung; Verantwortliche: Inklusionsteam.

Erläuterung: Die vorstehende Formulierung ganz konkreter Ziele ist besonders gelungen. Zusätzlich zu allgemeinen Zielsetzungen werden ganz **konkrete Ziele** gesetzt. Für diese konkreten Einzelziele wird ein bestimmter Zeitraum vorgesehen, in welchem diese Ziele erreicht werden sollen. Darüber hinaus werden auch die für die Zielerreichung Verantwortlichen aufgeführt. Dadurch sind die jeweils Verantwortlichen gezwungen, ihre Vorgehensweise zur Zielerreichung in einem konkreten Zeitrahmen zu planen. Gleichzeitig besteht ein Zeitfenster, nach dessen Ablauf die Möglichkeit einer Überprüfung des Grades der Zielerreichung gegeben ist.

13.1.4 Vorgehensweise zur Erreichung der einzelnen Ziele

Ein ganz schwieriges Thema ist die Frage, wie die einzelnen Ziele, über die Einigung erzielt werden konnte, auch erreicht werden können. Eine Formulierung der geplanten Vorgehensweise zur Erreichung der Ziele sollte aber in keiner Inklusionsvereinbarung fehlen. Hier gibt es ganz unterschiedliche Möglichkeiten. So kann beispielsweise ganz ausdrücklich ausgeführt werden, wie bestimmte Maßnahmen durchzuführen sind:

Beispiel:

Grundsätze zur Zielerreichung

Arbeitsplatzgestaltung

Der Gestaltungsbedarf an den Arbeitsplätzen, die von behinderten, schwerbehinderten und gleichgestellten Beschäftigten besetzt sind, ist vom Arbeitgeber oder dessen Beauftragten einmal jährlich bis spätestens 31.03. des laufenden Jahres zu ermitteln. Vorliegende Ergebnisse von Belastungs- und Gefährdungsanalysen sind zu berücksichtigen.

Erläuterung: Vorstehende Regelung nimmt zunächst den Arbeitgeber ganz konkret in die Pflicht. Der Arbeitgeber hat den Gestaltungsbedarf an Arbeitsplätzen einmal jährlich bis zu einem konkreten Datum zu ermitteln. Dabei wird ihm gleichzeitig noch auferlegt, bei einer solchen Ermittlung Ergebnisse von Belastungs- und Gefährdungsanalysen zu berücksichtigen.

Planung von Neu- und Umbauten

Bei der Planung von Neu-, Um- und Erweiterungsbauten von Betriebsanlagen und sonstigen Bauten, die die Belange von schwerbehinderten Mitarbeitern berühren, ist die Schwerbehindertenvertretung hinzuziehen. Den Bedürfnissen der schwerbehinderten Mitarbeiter wird bereits in der Planungsphase Rechnung getragen. Die Vorschriften xxx sind zu beachten. Der konkrete Gestaltungsbedarf muss so frühzeitig ermittelt werden, dass eine Einrichtung bzw. Umrüstung der Arbeitsplätze rechtzeitig erfolgen kann. Die möglichen Förderleistungen werden rechtzeitig vor der Gestaltung von Arbeitsplätzen und vor der Einrichtung der Arbeitsplätze, Maschinen und Anlagen beantragt. Die Gestaltungsmaßnahmen sind unverzüglich durchzuführen. Mit den zuständigen Rehabilitationsträgern bzw. mit dem Integrationsamt wird die Kostenübernahme geklärt.

Arbeitsplatzgestaltungs-Maßnahmen für behinderte Mitarbeiter werden dokumentiert und sind als Anlage dieser Vereinbarung anzuhängen.

Erläuterung: Gerade bei Planungstätigkeiten ist es schwieriger, die Pflichten des Arbeitgebers konkret zu fassen. Der Arbeitgeber wird sich regelmäßig in diesem Bereich auch nicht zu sehr einschränken lassen wollen. Der Arbeitgeber ist jedoch im vorstehenden Beispiel bereit, den Gestaltungsbedarf so frühzeitig zu ermitteln, dass eine Einrichtung bzw. Umrüstung der Arbeitsplätze noch rechtzeitig erfolgen kann. Darüber hinaus sollen entsprechende Maßnahmen dokumentiert werden.

13.1.5 Darstellung des Inklusionsteams und seiner Aufgaben

Auch die Mitglieder des Inklusionsteams können durchaus unterschiedlich sein, je nach Beschaffenheit und Größe des einzelnen Betriebs oder Unternehmens und je nach innerbetrieblichen Notwendigkeiten. Die Betriebspartner sind bei der Entscheidung, wer im Inklusionsteam mitarbeiten soll, frei.

Das Inklusionsteam hat vor allem die Durchführung der Inklusionsvereinbarung zu überwachen und die Erreichung der gesetzten Ziele zu überprüfen. Wie eine solche Überwachung und Überprüfung zu erfolgen hat, kann ebenfalls in der Inklusionsvereinbarung geregelt werden. So können beispielsweise in bestimmten Abständen bereits vorab Sitzungen des Inklusionsteams geplant werden, in welchen dann die gemeinsame Arbeit in den verschiedenen Bereichen überprüft wird.

Beispiel:

Inklusionsteam

Es wird ein Inklusionsteam gebildet, das sich wie folgt zusammensetzt:

- *1 Mitglied der Schwerbehindertenvertretung*
- *1 Mitglied des Betriebsrates*
- *dem Inklusionsbeauftragten des Unternehmens*
- *1 Mitglied des Personalwesens*
- *1 Mitglied der Arbeitsmedizin*
- *1 Mitglied der Arbeitssicherheit*
- *1 Mitglied der Ergonomie*
- *1 Mitglied von Bildung, Training und Beratung.*

Die Schwerbehindertenvertretung wird als Sprecher des Inklusionsteams festgelegt.

Die Aufgaben des Inklusionsteams umfassen:

- *die Überwachung der Umsetzung dieser Inklusionsvereinbarung sowie aller weiteren im Inklusionsteam festgelegten Ziele,*
- *die Beratung des Arbeitgebers bzgl. der Förderung der Ausbildung und Beschäftigung behinderter Arbeitnehmer,*
- *Planung und Koordination von Inklusions- und Rehabilitationsmaßnahmen.*

Das Inklusionsteam trifft sich mindestens alle drei Monate zur Erörterung und Überprüfung der in der Inklusionsvereinbarung benannten Ziele und Aufgaben.

Überwachung

Zur Überwachung der Inklusionsvereinbarung wird ein Inklusionsteam gebildet. Dieses Team setzt sich zusammen aus:

- *Schwerbehindertenvertretung*
- *Betriebsrat*
- *Inklusionsbeauftragter des Arbeitgebers*
- *Fachkraft für Arbeitssicherheit.*

Sprecher dieses Teams ist die Schwerbehindertenvertretung. Dieses Team hat die Aufgabe:

- *Überwachung der Umsetzung dieser Inklusionsvereinbarung und Überprüfung der einzelnen Ziele,*
- *Beratung des Arbeitgebers bezüglich der Beschäftigung schwerbehinderter Menschen,*
- *Erstellung von Inklusionskonzepten und Koordination der einzelnen erforderlichen Maßnahmen,*
- *Begleitung einzelner Maßnahmen.*

Inklusionsteam

Innerhalb eines Monats nach Inkrafttreten dieser Vereinbarung wird ein Inklusionsteam gebildet, das sich zusammensetzt aus Vertretern der SBV, des BR, Inklusionsbeauftragten des Arbeitgebers, Betriebsarzt, Sicherheitsingenieur, sowie der Fachkraft für Arbeitssicherheit.

Das Inklusionsteam wählt eine/n Sprecher/in und Stellvertreter/in sowie eine/n Schriftführer/in und Stellvertreter/in. Von jeder Zusammenkunft ist ein Protokoll zu erstellen, das in der nächsten Sitzung genehmigt wird.

Die Mitglieder des Inklusionsteams werden über gesetzliche Inhalte, z. B. SGB IX und Vorschriften sowie die Inhalte dieser Inklusionsvereinbarung zur Wahrnehmung ihrer Aufgaben unverzüglich geschult.

Darüber hinaus können Berater/Sachverständige aus den verschiedenen Verbänden und Behörden geladen werden.

Das Inklusionsteam trifft sich mindestens vierteljährlich zur Erörterung und Überprüfung der in der Inklusionsvereinbarung benannten Ziele und Aufgaben.

Die Aufgaben des Inklusionsteams

Die Aufgaben des Inklusionsteams sind:

- *die Überwachung der Umsetzung der Inklusionsvereinbarung,*
- *die Beratung des Arbeitgebers bezüglich der Förderung der Ausbildung und Beschäftigung behinderter Menschen,*
- *die Zusammenarbeit und die Beteiligung betrieblicher und außerbetrieblicher Fachkräfte,*
- *die Erstellung von Konzepten z. B. für betriebliche Inklusion und Rehabilitation,*
- *die Planung und Koordinierung von Inklusions- und Rehabilitationsmaßnahmen,*
- *die Begleitung von Inklusionsprojekten,*
- *das Controlling: Laufende Überprüfung der Zielerreichung.*
- *Über sämtliche Sitzungen und Begehungen des Inklusionsteams sind Protokolle anzufertigen.*
- *Der/die Sprecher/in des Inklusionsteams berichtet in regelmäßigen Abständen im Betriebsrat, der Schwerbehindertenversammlung, der Betriebsversammlung sowie in Jugendversammlungen über die erreichten Ziele aus der Inklusionsvereinbarung.*

13.1.6 Berichterstattung – Veröffentlichung

Auch die Art und Weise der Berichterstattung im Betrieb sollte vereinbart werden. Für die Durchsetzung der Ziele einer Inklusionsvereinbarung ist es unerlässlich, dass eine entsprechende Akzeptanz in der Belegschaft vorhanden ist. Es muss für jeden Beschäftigten, insbesondere also auch für die nicht behinderten Beschäftigten, verständlich werden, warum Ungleichbehandlungen zu Gunsten der schwerbehinderten Beschäftigten zum Teil unverzichtbar sind. Nur so kann die erforderliche Akzeptanz der Fördermaßnahmen erreicht werden. Demnach ist es bei Weitem nicht ausreichend, nur im Rahmen der Versammlungen der schwerbehinderten Menschen des Betriebs gemäß § 166 Abs. 3 SGB IX zu berichten. Eine offene Berichterstattung muss gegenüber allen Beschäftigten im Betrieb erfolgen. Die Berichterstattung sollte wenigstens halbjährlich ein fester Tagesordnungspunkt in den jeweiligen Betriebsversammlungen sein.

Beispiel:

Berichtspflicht

Über die Inklusionsvereinbarung und die „Inklusion schwerbehinderter Menschen" wird in den Versammlungen der Vertrauenspersonen, in den Regionalversammlungen, der Betriebsrätekonferenz, den Betriebsversammlungen und den Versammlungen der schwerbehinderten Menschen berichtet. In diesen Versammlungen berichtet der Arbeitgeber über alle Angelegenheiten im Zusammenhang mit der Eingliederung behinderter Menschen. Im Rahmen des Koordinationskreises werden Controlling-Maßnahmen erarbeitet und durchgeführt.

13.1.7 Meinungsverschiedenheiten bei der Umsetzung

Schon bei der Vereinbarung einer Inklusionsvereinbarung sollte darüber nachgedacht werden, wie mit Meinungsverschiedenheiten während der Umsetzung umgegangen wird. Am sinnvollsten dürfte es sein, eine innerbetriebliche Schlichtungsstelle vorzugeben. Es sollte nicht riskiert werden, dass solche Meinungsverschiedenheiten zu einem Rechtsstreit führen.

Beispiel:

> ***Schlussbestimmungen***
>
> *Zur Beilegung von Streitigkeiten aus dieser Inklusionsvereinbarung wird eine Kommission, bestehend aus Betriebsratsvorsitzendem, Vertrauensperson sowie zwei Vertretern des Arbeitgebers gebildet, die verbindlich diese Streitigkeiten regelt.*
>
> *Die Anrufung externer Schlichtungs- und Schiedsstellen oder des Arbeitsgerichtes ist erst nach einem Spruch der Kommission möglich.*
>
> ***Meinungsverschiedenheiten***
>
> *Sollten im Rahmen der Umsetzung dieser Inklusionsvereinbarung Meinungsverschiedenheiten auftreten, werden die Personalabteilung, der Inklusionsbeauftragte des Arbeitgebers und die Schwerbehindertenvertretung unter Beteiligung des Betriebsrates eine Einigung anstreben*
>
> ***Beilegung von Streitigkeiten***
>
> *Wird zwischen Geschäftsführung, Inklusionsbeauftragter des Arbeitgebers, Betriebsrat und Schwerbehindertenvertretung über die Auslegung und Anwendung dieser Inklusionsvereinbarung oder einzelner Bestimmungen keine Einigkeit erzielt, wird die Beilegung der Meinungsunterschiede unter Beteiligung des Integrationsamtes versucht. Alle Beteiligten verständigen sich darauf, einen unter Beteiligung des Integrationsamtes gefundenen Kompromissvorschlag zu akzeptieren.*

13.1.8 Darstellung der Rechtsnatur und Inkrafttreten

Es wurde ausführlich ausgeführt, dass die Rechtsnatur der Inklusionsvereinbarung streitig ist. Allerdings muss davon ausgegangen werden, dass eine Inklusionsvereinbarung, soweit diese nichts Gegenteiliges regelt, nicht die Rechtswirkungen einer Betriebsvereinbarung hat. Gerade im Hinblick auf die möglichen Streitpunkte im Zusammenhang mit der Wirkungsweise der Inklusionsvereinbarung sollten die Inklusionspartner die von ihnen geplante Wirkungsweise ihrer Inklusionsvereinbarung ausdrücklich niederlegen. Selbstverständlich ist es möglich, die Inklusionsvereinbarung als Betriebsvereinbarung zu vereinbaren. In diesem Falle hat die Inklusionsvereinbarung dann auch die rechtliche Wirkung einer Betriebsvereinbarung.

Beispiel:

> ***Schlussbestimmungen***
>
> *Diese Inklusionsvereinbarung tritt mit ihrer Unterzeichnung in Kraft und wirkt zwischen den abschließenden Parteien wie ein verbindlicher schuldrechtlicher Vertrag. Sie kann mit einer Frist von 6 Monaten zum Ende des Kalenderjahres, frühestens aber zum XXX, gekündigt werden. Im Falle einer Kündigung dieser Inklusionsvereinbarung wirkt diese zwischen den abschließenden Parteien bis zum Neuabschluss einer entsprechenden Vereinbarung nach.*

Sollten einzelne Bestimmungen dieser Inklusionsvereinbarung ganz oder zum Teil nichtig oder unwirksam sein oder werden, so berührt dies nicht die übrigen Bestimmungen dieser Vereinbarung. Die Parteien verpflichten sich, sofort Verhandlungen über die Bestimmungen aufzunehmen, die an die Stelle der nichtigen oder unwirksamen Bestimmungen treten sollen.

Die XXX übermittelt diese Vereinbarung nach Unterzeichnung an die für ihren Betrieb zuständigen Arbeitsämter. Diese Inklusionsvereinbarung wird an den betriebsüblichen Stellen bekannt gemacht. Darüber hinaus wird sie dem Integrationsamt übermittelt.

Erläuterung:
Ausdrücklich wirkt die Vereinbarung nicht wie eine Betriebsvereinbarung sozusagen als Gesetz des Betriebs für alle Arbeitnehmer normativ, sondern nur zwischen den die Vereinbarung abschließenden Parteien, zwischen diesen aber auch mit Nachwirkung.

Schlussbestimmungen

Diese Inklusionsvereinbarung wird als Betriebsvereinbarung abgeschlossen und hat die Rechtswirkung einer freiwilligen Betriebsvereinbarung. Eine Nachwirkung gemäß § 77 Abs. 6 BetrVG entfällt. Die Frist zur Kündigung dieser Inklusionsvereinbarung beträgt 3 Monate zum Quartalsende. Ungeachtet dessen können Vorschläge über ergänzende und/oder zu verändernde Vereinbarungen unterbreitet und Verhandlungen darüber beiderseits verlangt werden.

Erläuterung:
Hier wird dagegen die Wirkung einer Betriebsvereinbarung, also eine für alle Arbeitnehmer des Betriebs geltende gesetzesgleiche Wirkung vereinbart, alleine eine Nachwirkung wird ausgeschlossen.

Schlussbestimmungen

Diese Inklusionsvereinbarung wird als Betriebsvereinbarung abgeschlossen und hat die Rechtswirkung einer zwingenden Betriebsvereinbarung. Damit wirkt die Inklusionsvereinbarung gemäß § 77 Abs. 6 BetrVG nach. Die Frist zur Kündigung dieser Inklusionsvereinbarung beträgt 3 Monate zum Quartalsende. Ungeachtet dessen können Vorschläge über ergänzende und/oder zu verändernde Vereinbarungen unterbreitet und Verhandlungen darüber beiderseits verlangt werden.

13.2 Musterinklusionsvereinbarungen

Muster 52: Inklusionsvereinbarung für ein mittelständisches Agrarunternehmen[15]

Muster 52

Inklusionsvereinbarung

zwischen

der Geschäftsleitung der Firma XXX und der Schwerbehindertenvertretung

1. Geltungsbereich

Diese Inklusionsvereinbarung gilt für:

alle behinderten Menschen im Anerkennungsverfahren gemäß §152 SGB IX, alle Menschen mit einem GdB von mindestens 30% die in einem Arbeitsverhältnis zur Firma stehen.

2. Ziele

Erfüllung der Beschäftigungsquote für behinderte Menschen im Unternehmen von mindestens 5% oder mehr auf Dauer und die Arbeitsplatzerhaltung der beschäftigten Behinderten.

- Abbau von Vorbehalten gegen die Beschäftigung und Inklusion behinderter Menschen
- Gleichberechtigte Fort- und Weiterbildung der schwerbehinderter Menschen und Gleichgestellter
- Förderung von Teilzeitbeschäftigung und Sicherung von Teilzeitarbeitsplätzen - Einstellung von behinderten Menschen

3. Beauftragung des Arbeitgebers

Der Arbeitgeber bestellt einen Beauftragten, der ihn in Angelegenheiten schwerbehinderter Menschen verantwortlich vertritt.

Der Beauftragte achtet vor allem darauf, dass dem Arbeitgeber obliegende Verpflichtungen erfüllt werden. Arbeitgeber, Beauftragter des Arbeitgebers und die Schwerbehindertenvertretung arbeiten zur Teilhabe schwerbehinderter Menschen, am Arbeitsleben, in dem Betrieb eng zusammen.

4. Maßnahmen

4.1 Personalplanung zur Förderung des Inklusionsgedankens

Die Inklusion behinderter Menschen ist Bestandteil der Personalplanung, Personalentwicklung und der betrieblichen Gesundheitsförderung.

Die gleichberechtigte Teilhabe schwerbehinderter Menschen bei der Gestaltung von Arbeitsprozessen und Rahmenbedingungen ist von Anfang an zu berücksichtigen.

[15] Eingestellt in Rehadat-Gute Praxis-Startseite-Beispiele

Die Führungskräfte sind mit den gesetzlichen Regelungen und allen Möglichkeiten zur Förderung und Unterstützung der Beschäftigung und Inklusion behinderter Menschen vertraut zu machen.

Hierbei können die zuständigen Integrationsämter, Agenturen für Arbeit und Servicestellen der Rehabilitationsträger Hilfestellung geben.

Der Gedanke über die Inklusion behinderter Menschen ist auch in allen geeigneten Grundlehrgängen einzuarbeiten und entsprechend zu vermitteln. Die Schwerbehindertenvertretung kann als Unterstützung mit eingebunden werden.

Bei Rationalisierungsmaßnahmen hat der Arbeitgeber die Umsetzung behinderter Menschen auf einen geeigneten Arbeitsplatz innerhalb des Unternehmens vorrangig vor einer Beendigung des Arbeitsverhältnisses zu veranlassen.

Scheidet ein schwerbehinderter Mitarbeiter aus dem Unternehmen aus, soll geprüft werden, ob die Planstelle wieder mit einem schwerbehinderten Menschen besetzt werden kann. Die frei werdende Planstelle ist der Schwerbehindertenvertretung umgehend zu melden.

4.2 Berufliche Entwicklungsmöglichkeiten

Der Arbeitgeber gibt behinderten Menschen im Unternehmen die gleichen beruflichen Entwicklungsmöglichkeiten wie nicht behinderten Menschen. Weiterhin sollen Qualifikationsmaßnahmen zur Erhaltung, Erweiterung und Anpassung der Fähigkeiten und Kenntnisse des behinderten Menschen eine wichtige Rolle im Unternehmen spielen. Hierfür sollen auch besonders die Führungskräfte sensibilisiert werden, um Vorbehalte und Hemmungen gegenüber behinderten Menschen abzubauen und somit die Gleichberechtigung und Akzeptanz dieser Menschen gewährleistet wird.

4.3 Stellenbesetzung

Der Arbeitgeber prüft, ob freie Arbeitsplätze im Unternehmen mit schwerbehinderten Menschen besetzt werden können. Behinderte Menschen, die sich auf eine intern ausgeschriebene Stelle bewerben, sollen bei gleichwertiger fachlicher Qualifikation vorrangig berücksichtigt werden.

Die Personalabteilung hat alle Bewerbungen von behinderten Menschen nach Eingang unverzüglich der Schwerbehindertenvertretung zur Einsicht vorzulegen. Die Schwerbehindertenvertretung kann bei Bedarf und Zustimmung der/des Bewerberin/-s an dem Bewerbungsgespräch teilnehmen.

4.4 Arbeitsplatz

Behinderte Menschen haben gegenüber ihrem Arbeitgeber einen Anspruch auf behindertengerechte Ausstattung ihres Arbeitsplatzes.

Die Firma verpflichtet sich, bei Veränderungen von Arbeitsabläufen die Schwerbehindertenvertretung gemäß den Vorschriften des SGB IX zu beteiligen. Dabei ist die behindertengerechte Gestaltung der Arbeitsplätze zu prüfen und zu dokumentieren. Die Schwerbehindertenvertretung ist rechtzeitig über die entsprechenden Sachverhalte zu informieren, damit sie ihr Recht nach §178 Abs. 4 SGB IX ausüben kann.

5. Besondere Gruppen behinderter Menschen

Das Unternehmen versucht in angemessenem Umfang zu beschäftigen:

1. schwerbehinderte Menschen, die nach Art oder Schwere ihrer Behinderung im Arbeitsleben besonders betroffen sind, insbesondere solche

a) die zu ihrer Ausübung der Beschäftigung wegen ihrer Behinderung nicht nur vorübergehend einer besonderen Hilfskraft bedürfen, oder

b) deren Beschäftigung infolge ihrer Behinderung nicht nur vorübergehend mit außergewöhnlichen Aufwendungen für den Arbeitgeber verbunden ist oder

c) die infolge ihrer Behinderung nicht nur vorübergehend offensichtlich nur eine wesentliche verminderte Arbeitsleistung erbringen können oder

d) bei denen ein Grad der Behinderung von wenigstens 50 allein infolge geistiger oder seelischer Behinderung oder eines Anfallleidens vorliegt oder

e) die wegen Art und Schwere der Behinderung keine abgeschlossene Berufsbildung im Sinne des Berufsbildungsgesetzes haben

2. schwerbehinderte Menschen, die das 50. Lebensjahr vollendet haben.

6. Schutz schwerbehinderter Mitarbeiter

Gegenüber schwerbehinderten Mitarbeitern hat der Arbeitgeber Folgendes zu gewährleisten:

1. Beschäftigung, bei der sie ihre Fähigkeiten und Kenntnisse möglichst voll verwerten und weiter entwickeln können.
2. Bevorzugte Berücksichtigung bei innerbetrieblichen Maßnahmen der beruflichen Bildung zur Förderung ihres beruflichen Fortkommens.
3. Erleichterung im Umgang zur Teilnahme an außerbetrieblichen Maßnahmen der beruflichen Bildung.
4. Behindertengerechte Einrichtung und Unterhaltung der Arbeitsstätten einschließlich der Betriebsanlagen, Maschinen und Geräte sowie der Gestaltung der Arbeitsplätze, des Arbeitsumfeldes, der Arbeitsorganisation und der Arbeitszeit unter besonderer Berücksichtigung der Unfallgefahr.
5. Ausstattung ihres Arbeitsplatzes mit den erforderlichen technischen Arbeitshilfen.

Bei der Ausstattung des Arbeitsplatzes wird möglichst frühzeitig die Hilfe des Integrationsamtes und der Arbeitsagentur herangezogen.

Ein Anspruch nach 1. bis 5. besteht nicht, soweit die Erfüllung für den Arbeitgeber nicht zumutbar oder mit unverhältnismäßigem Aufwand verbunden wäre oder soweit die staatlichen oder berufsgenossenschaftlichen Arbeitsschutzvorschriften entgegenstehen.

7. Teilzeitanspruch

Der Arbeitgeber fördert mit Unterstützung des Integrationsamtes die Einrichtung von Teilzeitarbeitsplätzen, soweit die kürzere Arbeitszeit wegen der Art und Schwere der Behinderung notwendig ist.

Ein Anspruch besteht nicht, soweit die Erfüllung für den Arbeitgeber nicht zumutbar oder mit unverhältnismäßigen Aufwendungen verbunden wäre oder soweit staatliche oder berufsgenossenschaftlichen Arbeitsschutzvorschriften entgegenstehen.

Der Teilzeitanspruch nach dem Teilzeit- und Befristungsgesetz bleibt davon unberührt.

8. Prävention

Der Arbeitgeber schaltet bei Eintreten von personen-, verhaltens- oder betriebsbedingten Schwierigkeiten im Arbeits- oder sonstigen Beschäftigungsverhältnis von behinderten Menschen, die zur Gefährdung dieses Verhältnisses führen können, mit deren Zustimmung möglichst frühzeitig die Schwerbehindertenvertretung sowie das Integrationsamt ein, um mit ihnen alle Möglichkeiten und alle zur Verfügung stehenden Hilfen zur Beratung und mögliche finanzielle Leistungen zu erörtern, mit denen die Schwierigkeiten beseitigt werden können und das Arbeits- oder sonstige Beschäftigungsverhältnis möglichst dauerhaft fortgesetzt werden kann.

9. Jahresgespräch

Mindestens einmal im Jahr findet ein Gespräch, der an der Umsetzung der Inklusionsvereinbarung Beteiligten statt, für die jeweils rechtzeitig vorher vom Arbeitgeber eine Bestandsaufnahme der Maßnahmen zur Beschäftigung und Inklusion behinderter Menschen zur Verfügung gestellt wird.

10. Laufzeit / Kündigungsfrist

Diese Vereinbarung gilt nur so lange, wie die derzeit gültige Fassung des SGB IX unverändert ist. Soweit eine Änderung eintritt, wird die vorliegende Vereinbarung angepasst. Sie endet ohne Nachwirkung.

Darüber hinaus kann diese Vereinbarung von beiden Seiten mit einer Kündigungsfrist von drei Monaten ohne Nachwirkung gekündigt werden.

____

Datum

____

Unterschriften

13.3 Gesamt- / Integrationsvereinbarung (jetzt Inklusionsvereinbarung) für ein großes Bauunternehmen zur gleichberechtigten Teilhabe am gesellschaftlichen Leben[16]

Bemerkung zu der nachfolgenden Vereinbarung: Die nachfolgende Vereinbarung wurde noch zum Zeitpunkt der Geltung des SGB IX vor Änderung durch das BTHG vereinbart, was sich im Wesentlichen jedoch nur auf die nun nicht mehr korrekte Bezugnahme auf die Paragraphen des SGB IX und die Bezeichnung als Integrationsvereinbarung anstelle jetzt Inklusionsvereinbarung auswirkt. Zur besseren Orientierung wurden die nach neuer Fassung des SGB IX zutreffenden Paragraphen in Klammern beigefügt.

Muster 53: Gesamt- / Integrationsvereinbarung für ein großes Bauunternehmen zur gleichberechtigten Teilhabe am gesellschaftlichen Leben

Muster 53

Integrationsvereinbarung

nach dem § 83 SGB IX (jetzt § 166 SGB IX)

Zwischen der XXX AG und der Gesamtschwerbehindertenvertretung der XXX AG sowie dem Gesamtbetriebsrat der XXX AG

§ 1 Präambel

Menschen mit Behinderungen sind in besonderem Maße auf den Schutz und die Solidarität der Gesellschaft angewiesen. Ihre Eingliederung in Arbeit und Ausbildung ist wesentlicher Ausdruck und gleichzeitig Voraussetzung für eine gleichberechtigte Teilhabe am gesellschaftlichen Leben.

Ziel ist es, die Arbeitssituation bereits beschäftigter behinderter Menschen zu erhalten bzw. bei Bedarf zu verbessern und ihnen berufliche Perspektiven zu bieten sowie die Schaffung und Beibehaltung von Bedingungen, um die Einstellung Schwerbehinderter zu fördern.

Es besteht Einvernehmen darüber, dass es sich bei den unter § 2 genannten Personen um besonders schützenswürdige Personen handelt, welche aus gesundheitlichen, sozialen und gesamtgesellschaftlichen Gesichtspunkten einer besonderen Fürsorgepflicht durch die zuständigen Verantwortungsebenen der XXX AG unterliegen.

Die dauerhafte Integration behinderter Menschen ist nur durch eine partnerschaftliche Zusammenarbeit aller Beteiligten möglich. Integrationsvereinbarungen sind keine einmalige Angelegenheit, sondern müssen kontinuierlich überprüft und angepasst werden.

Die Verantwortlichen nutzen die Zusammenarbeit mit den Vereinbarungspartnern und das Dienstleistungsangebot des Integrationsamtes, der Agentur für Arbeit sowie der Rehabilitationsträger.

[16] Eingestellt in Rehadat-Startseite-Inklusionsvereinbarungen-Beispiele

§ 2 Geltungsbereich

Um die Übersichtlichkeit zu erleichtern, wird nachfolgend auf die jeweils doppelte Schreibweise in männlicher und weiblicher Form verzichtet.

Diese Integrationsvereinbarung gilt für die unten genannten Mitarbeiter der XXX AG mit verbundenen Unternehmen im Inland (im Folgenden Arbeitgeber genannt).

- Schwerbehinderte Mitarbeiter im Sinne des § 2 (2) SGB IX.
- Gleichgestellte im Sinne des § 68 (2) SGB IX (jetzt § 151 Abs.2 SGB IX).
- Auszubildende ab einen GdB von 30.
- Antragsteller auf Feststellung des Grades der Behinderung oder Gleichstellung.

Diese Integrationsvereinbarung wird durch die Gesamtschwerbehindertenvertretung, den Gesamtbetriebsrat und der XXX AG geschlossen. Die entsprechende Umsetzung erfolgt durch die Verantwortlichen in den Direktionen der XXX AG.

§ 3 Ziele

Ziele dieser Integrationsvereinbarung sind:

- Barrierefreiheit in allen Betrieben
- Die Arbeitsplatzerhaltung behinderter Mitarbeiter durch Aus- und Weiterbildung.
- Die Erhaltung der Gesundheit der Mitarbeiter durch Optimierung der Arbeitsmittel.
- Die Arbeits- und Ausbildungsplätze der behinderten Mitarbeiter werden unter Berücksichtigung der Behinderung und ihrer Auswirkung auf die Beschäftigung gestaltet.
- Bevorzugte Zuteilung betrieblicher Parkplätze unter Berücksichtigung der Behinderung.

Ziel ist es, dass alle Möglichkeiten und alle zur Verfügung stehenden Hilfen zur Beratung sowie mögliche finanzielle Leistungen von externen Leistungsträgern erörtert und abgewogen werden, um das Arbeitsverhältnis dauerhaft fortzusetzen. Bei Neu- oder Umbauten von Konzernhäusern ist künftig ein barrierefreier Zugang für mobilitätsbeeinträchtigte Beschäftigte und Besucher zu gewährleisten. Insbesondere ist zu berücksichtigen, dass die Ein- / Ausgänge, Toiletten, Sanitärräume und Lifts entsprechend erreichbar und zugänglich gestaltet werden. Durch regelmäßige Begehung soll die Einhaltung der Regelung sichergestellt werden.

§ 4 Integrationsteam

Verantwortlich für die Umsetzung der Ziele gem. § 3 ist das Integrationsteam der Direktion, bestehend aus dem Beauftragten des Arbeitgebers (Direktionsleitung), dem Betriebsratsvorsitzenden und der Schwerbehindertenvertretung.

Nach §98 SGB IX (jetzt § 181 SGB IX) ist vom Arbeitgeber ein Beauftragter zu bestellen, der darauf zu achten hat, dass die dem Arbeitgeber obliegenden Verpflichtungen nach dem Sozialgesetzbuch IX und nach dieser Integrationsvereinbarung erfüllt werden.

In Betrieben ohne Schwerbehindertenvertretung nimmt die Gesamtschwerbehindertenvertretung teil, sofern keine andere Zuordnung getroffen ist.

Das Integrationsteam führt eine halbjährliche Gesprächsrunde bzw. im Bedarfsfall zwischen einem Vertreter der Personalabteilung und dem Arbeitgeberbeauftragten , den örtlichen Schwerbehindertenvertretungen und ggf. der Gesamtschwerbehindertenvertretung zu den Themen der Umsetzung der Integrationsvereinbarung , insbesondere zu Personalplanung und Qualifizierungsmaßnahmen. Das Gespräch sollte vor einer der Gesamtbetriebsratssitzungen stattfinden.

Es kann innerbetriebliche Fachleute und externe Fachleute (Integrationsamt, Agentur für Arbeit, Rehabilitationsträger, Integrationsfachdienste, Beratungsstellen etc.) zur Unterstützung und Beratung hinzuziehen.

Des Weiteren wird ein jährliches Gespräch zwischen dem Arbeitsdirektor, dem Gesamtschwerbehindertenvertreter und den Gesamtbetriebsratsvorsitzenden vereinbart. Bei diesem Gespräch sollen aktuelle Themen besprochen werden.

§ 5 Aufgaben und Maßnahmen

1. Das Integrationsteam hat nachfolgende Aufgaben:
   - Überwachung der Umsetzung der Integrationsvereinbarung,
   - die Beratung des Arbeitgebers bzgl. der Förderung der Ausbildung und Beschäftigung behinderter Menschen,
   - die Zusammenarbeit und die Beteiligung betrieblicher und außerbetrieblicher Fachkräfte,
   - die Erstellung von Konzepten betrieblicher Integration,
   - die Verbesserung der Arbeitsplätze für schwerbehinderte Mitarbeiter (z.B. Beantragung bei Leistungsträgern),
   - Führen einer halbjährlichen Gesprächsrunde zu den Themen der Umsetzung der Integrationsvereinbarung, insbesondere zur Personalplanung und zu Qualifizierungsmaßnahmen. Weiterer Gesprächsinhalt ist u.a. die allgemeine Situation der Schwerbehinderten in den Betrieben, Probleme in Einzelfällen und der Stand der Zusammenarbeit mit den Arbeitsagenturen, besonders im Zusammenhang mit den gegebenenfalls zu besetzenden Stellen.

   Als Grundlage dieser Gespräche erhalten die Gesprächsteilnehmer eine Personalstatistik über die Anzahl schwerbehinderter, gleichgestellter, in Rehabilitation befindlicher Beschäftigter bezüglich
   - der Altersstruktur,
   - der jeweiligen Arbeitsbereiche,
   - der Arbeitszeit (Vollzeit, Teilzeit) und
   - der Art des Arbeitsvertrages (befristet, unbefristet).

   Das Integrationsteam arbeitet im Rahmen seiner Aufgabenstellung entsprechend der gesetzlichen Vorgaben.

2. Das Integrationsteam bespricht ggf. auch mit den Rehabilitationsträgern und dem Integrationsamt für den behinderten Mitarbeiter mögliche Maßnahmen für die Integration. Diese Maßnahmen können beispielsweise sein:
   - Ausstattung des Arbeits- bzw. Ausbildungsplatzes mit erforderlichen Arbeitshilfen, wie zum Beispiel der Einbau von orthopädischen Sitzen in Baugeräten oder die Anschaffung von medizinischen Arbeitsschuhen,
   - Freistellung von Mehrarbeit des Mitarbeiters gem. § 124 SGB IX (jetzt § 207 SGB IX).sowie die Gewährung des zusätzlichen Urlaubs nach § 125 SGB IX (jetzt § 208 SGB IX).im Anschluss an den Jahresurlaub, wenn der Mitarbeiter es wünscht.

   In Problemfällen hat das Integrationsteam das Anliegen des schwerbehinderten Mitarbeiters mit dem entsprechenden Vorgesetzten zu klären.

   Bei Umstrukturierungen von Standorten sind Möglichkeiten einer gleichwertigen Weiterbeschäftigung der davon betroffenen behinderten Mitarbeiter ernsthaft zu prüfen und hierfür im Integrationsteam zu erörtern.

§ 6 Prävention

Der Arbeitgeber erklärt sich bereit, bei Eintreten von Schwierigkeiten der unter § 2 genannten Mitarbeiter, frühzeitig das Integrationsteam einzuschalten und die in § 84 SGB IX (jetzt § 167 SGB IX).genannten Möglichkeiten, z.B. die Durchführung eines betrieblichen Eingliederungsmanagements zu erörtern. Ein zu benennender Vertreter des Integrationsteams kann das Arbeitsumfeld des schwerbehinderten Mitarbeiters begutachten, um ggf. Verbesserungen am Arbeitsplatz zu veranlassen, soweit dieser die Begutachtung beantragt.

Der Arbeitgeber gestaltet ferner die Arbeitsplätze der behinderten Mitarbeiter unter Berücksichtigung der Behinderung und ihrer Auswirkung auf die Beschäftigung. Hierbei wird besonders auf den Einsatz moderner technischer Arbeitshilfen externer Leistungsträger geachtet. Neben der Ausstattung werden auch das Arbeitsumfeld, die Arbeitsorganisation und Unfallgefahren berücksichtigt.

§ 7 Teilzeit

Schwerbehinderte haben einen Anspruch auf Teilzeitbeschäftigung im Rahmen des § 81 Abs. 5 SGB IX (jetzt § 164 Abs.5 SGB IX). Ist eine kürzere Arbeitszeit wegen Art oder Schwere der Behinderung notwendig, so ist auf Wunsch des Mitarbeiters unter Berücksichtigung seiner Schwerbehinderung ein befristetes Teilzeitmodell zu vereinbaren. In Problemfällen hat das Integrationsteam das Anliegen des schwerbehinderten Mitarbeiters mit dem entsprechenden Vorgesetzten zu klären.

Ebenso erhalten schwerbehinderte Arbeitnehmer, die teilzeitbeschäftigt sind, auf Antrag die Möglichkeit, bei gleicher Qualifikation bevorzugt eine freie Vollzeitbeschäftigung zu erlangen, soweit dringende betriebliche Gründe nicht entgegenstehen

§ 8 Beilegung von Streitigkeiten

Sollte zwischen der Direktionsleitung und der örtlichen Schwerbehindertenvertretung keine Einigung hinsichtlich der Auslegung und Anwendung dieser Integrationsvereinbarung oder einzelner Bestimmungen erzielt werden, wird zur Beilegung der Meinungsunterschiede zunächst die Gesamtschwerbehindertenvertretung hinzugezogen. Sollte weiterhin kein Konsens gefunden werden, wird als externer Partner und Vermittler das Integrationsamt beratend hinzugezogen.

§ 9 Salvatorische Klausel

Sollten einzelne Bestimmungen dieser Vereinbarung unwirksam sein oder werden oder im Widerspruch zur tariflichen oder gesetzlichen Regelung stehen, so bleiben die übrigen Regelungen hiervon unberührt.

§ 10 Schlussbestimmungen

Die Integrationsvereinbarung tritt mit ihrer Unterzeichnung am XXX in Kraft.

Sie kann mit einer Frist von 3 Monaten zum Monatsende gekündigt werden. Eine Nachwir kung erfolgt bis zum Abschluss einer neuen Integrationsvereinbarung.

Ungeachtet dessen hat jede Seite das Recht, Vorschläge über ergänzende Vereinbarungen zu unterbreiten und Verhandlungen darüber zu verlangen.

Die Integrationsvereinbarung wird an den betriebsüblichen Stellen bekannt gemacht.

Datum: _______________

Unterschriften: _________________________